JN098963

Digital Adoption Platform

システムと人をつなぐ「DAP」というラストピース

WalkMe株式会社
代表取締役
小野真裕 Masahiro Ono

日本のDXはなぜ不完全なままなのか

ダイヤモンド社

目次

プロローグ
DXを成功させる最後のピースは何か

デジタルを導入するだけでは人の行動は変わらない

デジタルの導入は、企業運営において避けられないトレンドとなっています。その目的は、働く人の生産性を上げ、コストを削減し、新しいビジネスにチャレンジし、経営の効率を上げ、究極的には企業の競争力を高めることです。一方で、デジタル化が必ずしも人に優しい環境を生み出すわけではありません。

デジタルの導入において、想定通りの効果を得るためには、導入時に想定した最適な業務フローに合わせて、使う人が行動を変える必要があります。現状でデジタルが思ったほど成果を上げられないとすれば、デジタルが人の行動を変えられていないということでもあります。「この問題を何とかしたい」と私が思ったのは、過去にコンサルタントとして、製薬会社をご支援していた経験からでした。

私が担当していたのは、ＭＲ（医療情報担当者、いわゆる製薬会社の営業担当者）がどのドクターにどの薬を売り込むか、データ分析を行いながら営業戦略を立案するプロジェクトでした。提案した戦略に対して、クライアントの役員や部長には推進を決定していただいたのですが、実際には一筋縄ではいきませんでした。もちろん役員・部長の大号令のもと、社内ホームページやメールを使って現場の方々へのアナウンスがあり、説明会も行われました。また、部から課へ、課からリーダーへ、リーダーからメンバーへ、というように内容もきちんと伝達されました。MRには日々の営業活動の中で、「分析結果を確認した上で訪問すべきドクターを決定し、適切な提案内容を持参する」「訪問の結果をシステムに入力し分析にフィードバックする」ことなどが期待されていました。そしてシステムは、そのアクションを支援するように作られていたはずでしたが、実際はうまくいきませんでした。

なぜそうなってしまったのでしょうか。実はMRにとって、システムを使いたくても実質的に使えない状態だったのです。システムの使い方自体がわからないから後回しにしている人もいれば、システムを使っていても何をすればよいのか必要な瞬間に気づけない人もいました。頻発したこれらの問題のフォローや、日本全国の各チームとの個別の対話等に想定以上の工数をかけながら前に進めていきました。また、こうしたことが積み重なる中で、「今までの仕事のやり方を変えたくない、デジタルを持ち込みたくない」というマインドの問題を生んでしまっていたのかもしれないと感じたのです。このプロジェクトを通して、私は、「変革を成功させるためには、デジタルを導入するだけでは不十分だ」「人の行動を変えるためには何か足りないものがある」ということを痛感しました。

私自身も、自社の業務システムがどんどんＳａａＳに置き換わって使い方がよくわからないので結果的に使わない、という経験をしています。様々な調査結果によれば、ＤＸに取り組む企業のうち想定していた通りの成果が出ている企業は30％程度に留まるそうです。

だからといってデジタルの無い時代に戻れるかというと、それは不可能です。コンシューマーの立場にたってみても、情報収集や意思決定をスマホ無しでやっていたガラケーの時代に戻りたいと思う人はあまりいないと思います。スマホによって人の行動が変わったのです。企業にとってのデジタルは、個人にとってのスマホのように、人の行動を変え、その結果、業務を変革するものです。デジタルに対して消極的な日本企業の多くは、「やらないと競争に勝てないから」と言いつつ、今までの仕事のやり方を変えることを恐れているのではないでしょうか。しかし、海外に目を向けると、デジタルを活用できている企業とできていない企業の間には大きな差が存在します。

デジタルを活用するためのソリューション「DAP」が解決する

デジタル化を進めることはもはや不可避ですが、導入したデジタルを人が活用して業務を変革するための解決方法が見つけられていない企業は、大きなジレンマを抱えています。では、どうすればいいのでしょうか。その答えが、WalkMeが提供するデジタルアダプションプラットフォーム、DAP（Digital Adoption Platform）です。人がデジタルに合わせていた状況が、DAPの導入によってデジタルの側が人に寄り添い、必要なときに必要なサポートをするように変わります。先ほどの製薬会社の営業戦略であれば、DAPを採用することで、MRがドクターを訪問するタイミングで「Aの状況のときはBの製品が採用される可能性が高い」「提案書にはこのデータを添付するとよい」という提案がシステム側から届き、MRは直感的にシステムを操作してデータを活用することが可能になるでしょう。営業コーチが隣でアドバイスするかのように、デジタルを戦略に取り入れMRの営業力強化という目的が達成できます。これは役員や部長の意図した姿に近づくことができる、すなわちＤＸの成功確率が格段に上がる、ということになります。

チェンジマネジメントでデジタルを受け入れる

デジタルが人に寄り添い、どんなにシステムが使いやすくなったとしても、従業員にデジタルを活用してもらうためにもう一つ乗り越えなくてはいけない壁があります。それは、人の心を変えることです。いくら頭ではデジタルを使う方が生産性が上がる、使いやすいようにガイドされているとわかっていても、「それでも嫌なものは嫌」「今までのやり方を変えたくない」という気持ちを取り除かなくてはデジタルは活用されません。

ＤＡＰは、従業員が変革の意図に沿う形でデジタルを本当に活用できているのかを測定し、問題点を可視化し、すばやく改善します。従業員が変化を受け入れることをサポートする、ＤＡＰはチェンジマネジメントの道具でもあるのです。

変革をリードするのはＣＩＯ／ＣＤＯの責任

企業のＣＩＯやＣＤＯの役割は、デジタル技術を活用して企業の競争力を高め、利益を上げることです。そのためにＤＸ、つまりデジタルトランスフォーメーションが存在します。ＤＸのＤ（デジタル）とＸ（トランスフォーメーション）は並列に置かれていますが、デジタルは手段であり、あくまでもトランスフォーメーションのＸが重要です。しかし手段であるデジタルを活用できていないと、デジタルの導入効果が頭打ちとなり期待通りのパフォーマンスが出せず、トランスフォーメーションに失敗してしまいます。ＤＸにとって、デジタルは成功のための必要条件であり、少なくとも人が利用するために問題がない状態にする必要があります。

大企業一社の中で使われるＳａａＳの数は、平均して４７３個あるという米国の調査結果があります。そのうちアクティブに使われている割合は42％だそうです。ＤＸのＤ（デジタル）を活用できている企業はやはり少なそうです。

さらに、デジタルの利用が、ＤＸのＸにつながっているかどうかという点では、チェンジマネジメントにより人や組織のマインドや行動を変える必要があります。しかし、ＤＸプロジェクトにおいてはシステム導入のプロジェクトマネジメントは必ず存在しますが、システム導入の先にあるＤＸの目的を達成するためのチェンジマネジメントが存在することは極めて稀です。

このように、ＤＸ成功のためには、Ｄでデジタルをきちんと「人」に使ってもらい、Ｘで変革に向けて「人」のマインドや行動を変えていくことが必須です。

ＤとＸのどちらにも「人」が重要な要素として入っています。すなわち、トランスフォーメーションを実現するための最後のピースは「人」であり、そのようにデジタルを機能させることがＣＩＯやＣＤＯの責任なのです。

ＤＸを支えるＩＴ部門・ＤＸ推進部門自体の変革が必要とされている

これまでＩＴ部門・ＤＸ推進部門（以下、ＩＴ・ＤＸ部門）は、システム導入を問題なく行い、利用中には問題が発生しないよう運用することを期待されてきました。しかし、これからはその役割も変わっていく必要があるのではないでしょうか。

ＤＸプロジェクトにおいては、システム導入だけでなく、チェンジマネジメントまで必要となります。チェンジマネジメントの文脈では、デジタルの利用状況把握は単に「何人利用した」というレベルでは不十分です。ＤＸの目的に沿って「適切にやるべきことをやっているか・やるべきでないことをやっていないか」といったレベルできちんと把握し、必要であればすぐに手を打つ必要があります。この役割は、デジタルという

図 0-1　DAP の期待効果
DAPへの投資は、テコのようにデジタル投資全体のROIを数倍に押し上げる

成り行きの場合の

(Digital Adoption Platform)

投資額

WalkMe作成

手段の特徴からもＩＴ・ＤＸ部門が中心となって実施することが望ましいでしょう。また、複数の業務部門を跨ぐような業務フロー等に関しては、横断して俯瞰できる部門がリードする必要があり、これもＩＴ・ＤＸ部門が行う必然性につながります。

いずれにせよ、ＤＸを成功に導くために、ＩＴ・ＤＸ部門への期待は今後ますます高まるでしょう。しかし、これまでは、変革視点での意思決定に十分に耐えうるシステム利用状況や問題点の把握は、人力で行うしかありませんでした。また、改善ポイントが特定できても、改修するために数ヶ月に1度のサイクルでまとめてベンダーに依頼するしかないという状況では、

変革を推進するチェンジマネジメントは現実には困難だったのです。

ＤＡＰは、ＤＸを推進するＩＴ・ＤＸ部門をデジタルで支える、いわばＤＸ活動自体をＤＸするソリューションなのです。

そのことに気づいた海外企業では、成長戦略としてＤＡＰを導入しています。ＤＡＰに投資することで従業員がデジタルを使いこなし、従来よりも高い成果を出せるようになれば、その投資がテコのようにＤＸ投資全体のＲＯＩを数倍に押し上げるのです（図０－１）。

nice to haveからmust haveへ

１９９２年頃にＥＲＰ（Enterprise Resource Planning）の概念が欧米から輸入されたとき、多くの日本企業は関心を示したものの、「実現できればすごいけれど、必須ではない」と導入を見送っていました。しかし今、日本企業の多くがＥＲＰを必須の基幹システムとして導入しています。この30年あまりの間に、ビジネスのグローバル化による海外企業との競合、会計制度の変化、ＥＲＰを導入しやすいＳａａＳサービスの台頭で、「ＥＲＰは導入しないと競争に負けてしまう、必須のもの」と意識が変わってきた

図 0-2　ガートナーによる DAP の活用予測

2025年までに、70%の組織がテクノロジースタック全体でデジタルアダプションプラットフォームを活用するようになり、不十分だったアプリのユーザーエクスペリエンスを改善できる

2026年までに、40%の組織がデジタルアダプションプラットフォームに組み込まれた生成AIを使用して、新しいワークフローを自動的に従業員に提示するだろう

Gartner®, Market Guide for Digital Adoption Platforms, Melissa Hilbert et al., 11 September 2023.

のです。

今のＤＡＰは、１９９２年頃のＥＲＰと同じ状況にあると言えます。海外の先進企業はすでにＤＡＰを自社のプラットフォームとして導入し、デジタルの力を引き出して成長を遂げています。米国の調査会社ガートナーは、「２０２５年までに、70％の組織がテクノロジースタック全体でＤＡＰを活用するようになり、不十分だったアプリのユーザーエクスペリエンスを改善できる」と予想しています。また企業における情報システムの可能性とＵＩを革命的に変化させると期待される生成ＡＩについても、「２０２６年までに、40％の組織がＤＡＰに組み込まれた生成ＡＩを使用して、新しいワークフローを自動的に従業員に提示するだろう」と予測しており、新たなテクノロジーを自社に取り込むためのプラットフォームとしてＤＡＰが非常に重要な役割を果たすことを示しています（図０－２）。

対して、日本企業では、感度のとても高いＣＩＯやＣＤＯが「海外ではＤＸを進めるためにＤＡＰというものを導入しているらしい」と興味を持ち始めたという段階です。このタイミングで、ＤＡＰを「あると望ましいもの」にするのでなく、「ＤＸの成果を出すために必須のもの」と位置付け、自社のデジタルをＤＡＰでどう使いやすくするかを戦略的に考えた企業が、他社に先んじて成長企業になれると私は考えています。そして実際、ＷａｌｋＭｅの国内ユーザーでも、ＤＡＰをプラットフォームとして全社に展開し、成功しつつある企業が出てきています。

本書では、ＤＡＰが人の行動をどう変えるのか、どのように導入するのか、そしてどのような成果が得られるのかを、事例を交えて紹介します。「デジタル投資の効果が思ったほど得られない」と悩むＩＴ・ＤＸ部門の方、ＤＸ担当者、ＣＩＯ／ＣＤＯの方は、ぜひ自社のことを思い浮かべながらこの先を読み進めてください。

CHAPTER

1

日本企業はなぜDXに失敗するのか

経済産業省が2022年9月に公表した「デジタルガバナンス・コード2・0」では、DXを次のように定義しています。

「企業がビジネス環境の激しい変化に対応し、データとデジタル技術を活用して、顧客や社会のニーズを基に、製品やサービス、ビジネスモデルを変革するとともに、業務そのものや、組織、プロセス、企業文化・風土を変革し、競争上の優位性を確立すること」

あらためてここで強調しておきたいことは、DXの目的は「競争上の優位性を確立すること」である点です。DXを進めていく際には、決してシステム導入自体が目的ではなく、競争優位性を獲得するために何をすべきか、という視点で考える必要があります。

さて、本章では、日本のDXの状況を概観し、何が欠けているかを見ていきたいと思います。

1-1 DX推進企業を取り巻く環境変化

近年のIT環境の変化

近年、ＤＸを推進する企業で何が起こっているのかを見てみましょう。

まずは、一つの大きなトレンドとして、社内へのＳａａＳの導入が非常に増えていることが挙げられます。特に大企業で、直近2、3年のＳａａＳの導入数が急激に増えており、２０２３年には大企業が1社あたりで利用しているＳａａＳの数は平均して４７３個という米国の調査結果があります（図１－１）。

ＳａａＳが登場する以前は、基本的にＩＴ・ＤＸ部門が自社のシステムを取り仕切っていました。各部門から上がってくる要望に優先順位を付け、自社の業務フローに合わせてパッケージをカスタマイズしたり、必要であればフルスクラッチで開発して、現場に導入していくのは時間もコストもかかるものでした。特に日本企業は、パッケージを導入する場合にも、自社の業務に合わせるために多くのカスタマイズを実施することが一般的で、ＳＩ（System Integration）にかなりの時間とコストを費やしていました。

対して、ＳａａＳには明確な目的があることが一般的で、それを達成するためのベストプラクティスが組み込まれた業務フローがセットされています。自社の業務フローに合わせてシステムを組むのではなく、ＳａａＳが提供する業務フローに自社が合わせる方がシステムの導入自体は楽ですし、生産性を上げるという目的に照らしても有効だと考

図1-1　企業内のSaaS導入数（米国）

企業規模が大きくなればなるほど利用SaaS数は多く、大企業では平均して473にのぼる

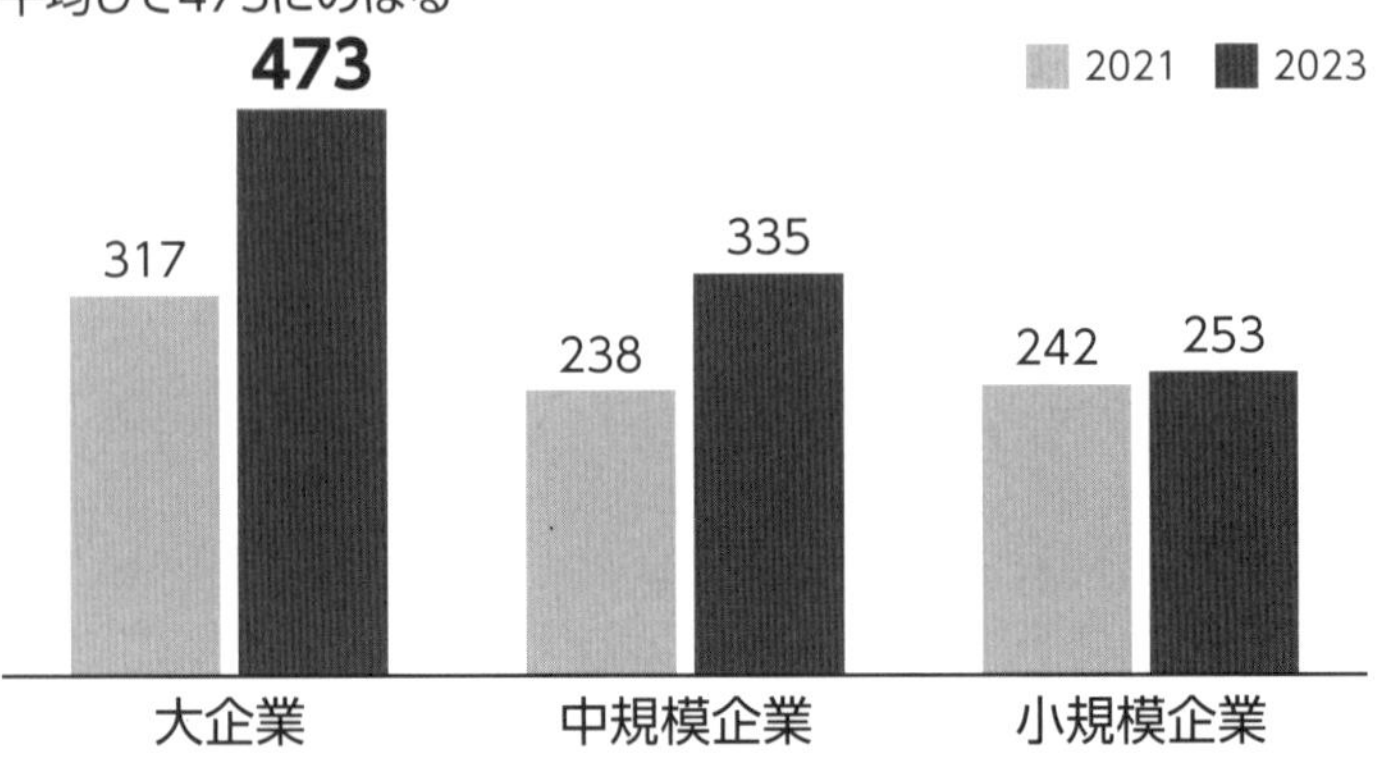

Productiv社

えられます。部門としても、自分達がやりたいことにマッチしたＳａａＳがあれば、契約してユーザーを作成することで、ＩＴ・ＤＸ部門を頼らず個別に導入することが可能になりました。ＩＴ・ＤＸ部門による集中管理から各部門による分散管理になったことで統制という観点では難しくなっているのですが、スピーディーにやりたいことができるようになったという点では競争力の強化に寄与するのではないかとも考えられます。ところがこれがうまく機能しないことが多いのです。

　そして、新しい技術も毎年のように出現しています。最近では何と言っても生成ＡＩでしょう。２０２３年はＣｈａｔＧ

PTがビジネスシーンでも無視できない存在になりました。生成AIは、ChatGPTのLLM（Large Language Model：大規模言語モデル）で一般的になったので、対話形式で質問に対してとても賢く回答してくれるものというイメージが強いですが、それ以前からも画像や音楽等を生成するモデルが存在しました。また、今ではマルチモーダルと呼ばれるように複数のメディアを統合して扱うモデルも出てきています。

ChatGPT出現後、PoC（Proof of Concept：概念実証）祭りとも言われるように、あらゆる企業が生成AIで何ができるか検討を開始しました。一方で、PoCプロジェクトの後に、実際に業務に定着しているという企業はあまり多いとは言えない状況です。生成AIには後述の特徴があり、いまだ発展途上のため業務に活かすためには工夫が必要だからです。

一つ目の特徴は、インプット／アウトプットが非定形であることです。自然言語であるがゆえに、非常に曖昧な入力が可能です。情報としては同じことを言いたい場合でも、自然言語なので文としては無限にバラエティがあります。そのため、ユーザーによっては、うまく使える人もいればそうでない人もいて、そのバラツキは非常に大きくなります。

二つ目の特徴は、ユースケースの自由度が高い点です。ユースケースとは、利用する際のシチュエーションとそのときの利用シナリオ等を意味します。生成ＡＩ単体のＱ＆Ａ形式では、何の目的のためにどのような回答を引き出したいかはユーザーの意思次第です。こちらもユーザーの業務知識レベルとＩＴリテラシーに大きく依存します。

三つ目の特徴は、前述の特徴があるがゆえに、リスクが発生しやすいということです。会社が許可しないＡＩツール（シャドウＡＩ）を利用することも、ブラウザでアクセスするだけで簡単にできてしまいます。その上で機密情報を入力して情報漏洩してしまうということも欧米ではすでに何度もニュースになっています。

こういった特徴を理解した上で、どの部分を生成ＡＩに担わせるのか、ユーザーに煩雑さを感じさせない担わせ方とはどのようなものか、という自由度の高い業務プロセスデザインをＩＴ・ＤＸ部門は適切に行う必要があります。

ところで、テクノロジーは、企業にどのようなインパクトを与えると考えられるのでしょうか。

ＩＢＭがグローバル30カ国・３０００人以上のＣＥＯに〝今後3年間、貴社に最も大

図1-2　世界中のCEOが考える「今後3年間に経営に最も大きな影響を与える外部要因」

2010年代以降ほぼ一貫して、CEOが最も重視する外部要因はテクノロジー

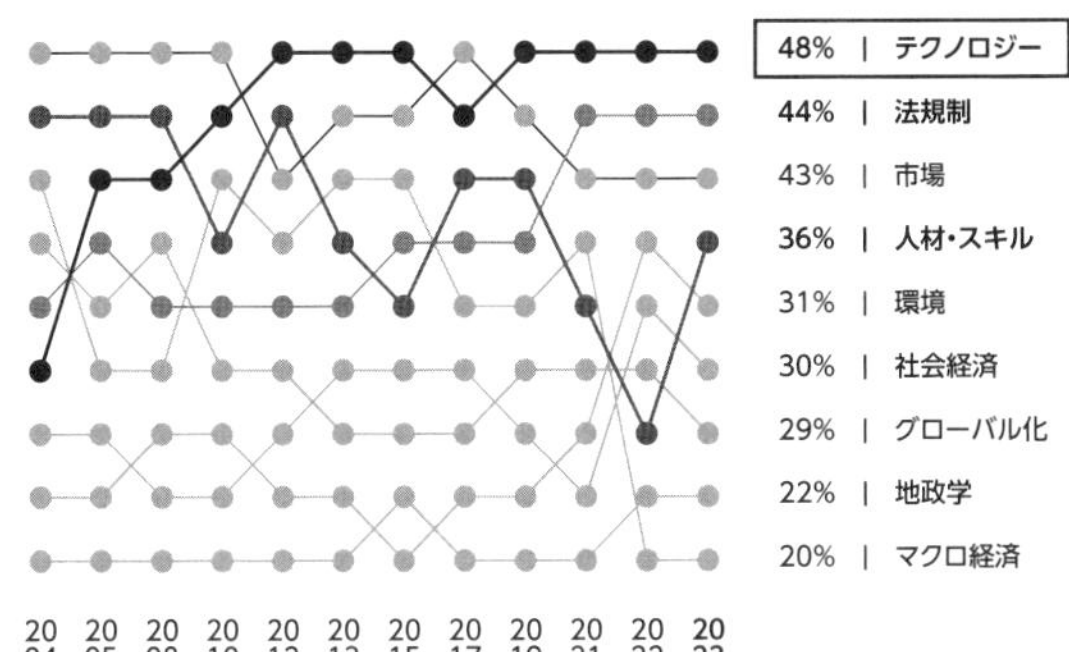

“グローバル経営層スタディ第28版 CEOスタディ”, IBM Institute for Business Value, 2023.

きな影響を与えるとみられる外部要因は何か〟という質問を、長期間にわたって行ってきた調査結果があります（図1―2）。

経年でこれを見ると、2000年代までは市場や人材・スキルといったものが上位でしたが、2010年代になるとほぼ一貫してテクノロジーがトップです。つまり、テクノロジーをいかに有効に活用できるかで、企業競争力に大きな影響が出ると世界中のCEO達は認識しているのです。

変革の取り組みを自ら牽引するのがCIO／CDOの役割

テクノロジーのパワーを自社に取り入れるミッションを担うのは、CIO（Chief

Information Officer）あるいはＣＤＯ（Chief Digital Officer）になります。

ＣＩＯの出現は歴史的にも古く、現在ではおおよそすべての大企業で設置されていますが、ＣＤＯは比較的新しく定義されたポジションです。もともとは、「デジタル改革を担って会社全体をトランスフォームしなければいけない」という危機感を背景に２０１０年代に欧米で増えて、すでに1万人以上存在します。そして日本でもここ数年で設置する企業が急速に増えてきています。

ただし、今はまだ各企業の方針はまちまちで、２０２４年時点ではＣＤＯと呼ばれる方は２００人程度と推測されています。そのため、ＣＩＯ／ＣＤＯのそれぞれの明確なミッションや、両者の役割分担等はこれから整理されていくように思います。

とはいえ、デジタルのテクノロジーを使って生産性を上げ、新たな価値を創出していくことがＤＸであり、それを推進するのがＣＩＯやＣＤＯの役割です。

米国やドイツなどのＤＸ先進国に比べると、日本企業のＤＸは周回遅れとよく言われます。ＤＸ推進に成功した海外企業のＣＩＯやＣＤＯは、ＤＸを「自分ごと」として捉えています。自ら企業とデジタルのあるべき姿を描き、様々なシステムの導入に加えて、従業員の意識を変える「チェンジマネジメント」への取り組みなど、プロアクティブにシステム活用のための手を打っています。それは、彼ら自身が「生産性の向上や競争力の確保にデジタルの力が非常に有効であり、テクノロジーを取り込めない企業は競争に勝てない」ということを本気で信じているからだと思います。一方、DXへの取り組みが始まってここ10年ほどの日本では、まだこれから、という面があるかと思います。すでにいろいろな取り組みをしている欧米の良い面を、日本企業の組織や人にうまく合わせる形で取り入れていくことが重要ではないかと考えています。

DXは成功しているのか？

ところで、これまで数多くの取り組みがなされてきているDXはどの程度成功しているのでしょうか。

欧米では、2000年代からデジタルトランスフォーメーションが盛んになり、2020年代には、ある程度一巡した感があります。着手が早かったこともあり、2010年代半ばぐらいからはDXの成否についての言論も交わされています。

数多い報告の中でランダムな抜粋になりますが、ＤＸが失敗する割合について挙げてみましょう。なお、残念ながら、「失敗」に着目する報告が多く、ここでは失敗割合の数字となります。

例えば、２０１６年のＦｏｒｂｅｓによると、84％の企業がうまくいっていない、との報告があります。２０１８年にはＩＭＤ教授のMichael Wade氏は、95％の企業が失敗していると発言しています。さらに、ＢＣＧによると、２０２０年にＤＸは70％が失敗、また２０２２年にも同様に70％とした数字が報告されています（図１－３）。

さらに挙げようと思えばいくらでもありそうですが、ソースも違う、報告年も違う、今挙げたデータから読み取れることが二つあると思います。

一つ目は、調査によりある程度バラツキはありますが、ＤＸは70％から90％は失敗すると考えられることです。念の為ですが、成功が70％から90％ではありません。成功は10％から30％に留まるということです。

もう一点は、この失敗確率自体が時間が経っても大きく改善したり悪化したりしておらず、ほぼ一定の、70－90％のレンジに収まっているということです。

個人的には、特に後者は大変興味深いと感じます。なぜなら、認識はされていても、

図1-3　DXのパラドックス

多くの企業が、かつてないほど多く、かつてないほどパワフルなテクノロジーを利用しているが、70%のDXプロジェクトは成功に至っていない

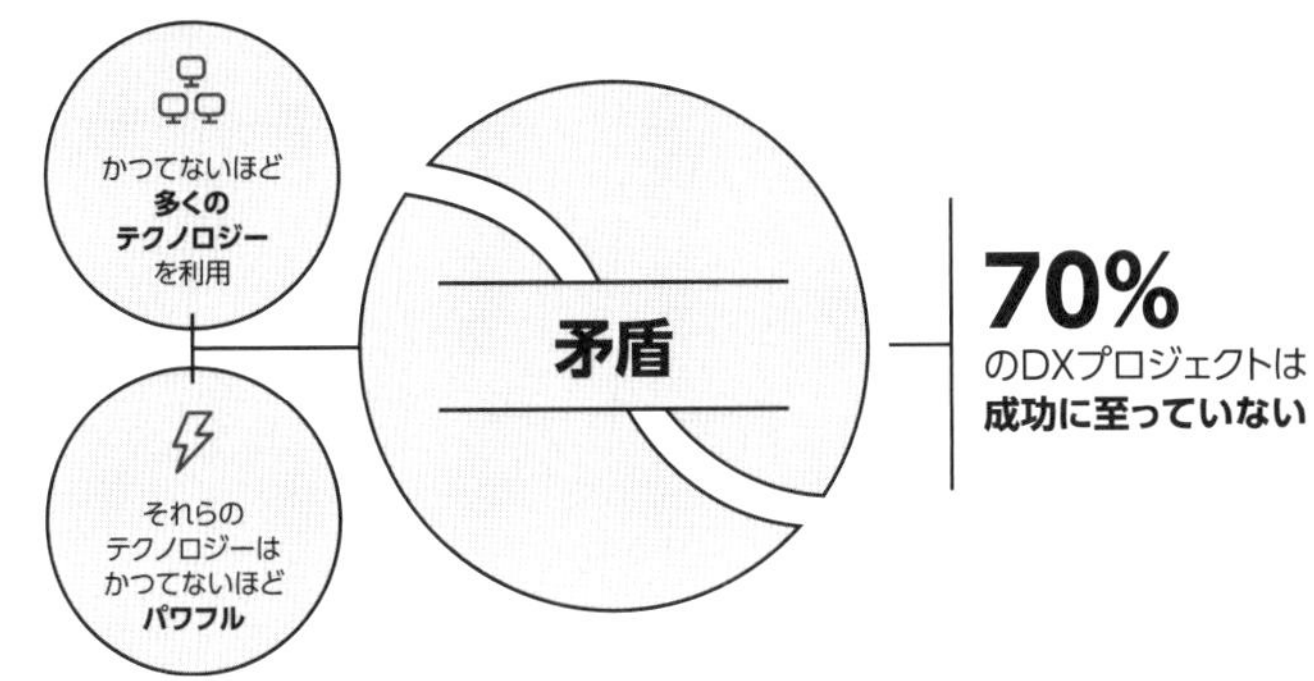

WalkMe作成（数値は複数の調査より）

何らかの有効な手を打つことが難しいと考えるのが自然だからです。

ところで、半分余談になりますが、関連する情報があります。90年代に一世風靡したBPR（Business Process Reengineering）の考え方を提唱したマイケル・ハマー氏は「BPRの失敗の確率は50%～70%」と話されていたそうです。面白いことに、最近のDXの失敗確率に近い数字です。語弊を恐れずに言えば、あらゆる変革には、共通して成功を阻む原因があるのではないかとも考えられます。実は、ハマー氏は、この原因に対する仮説を持っていたのですが、それについては後にまた触れたいと思います。

1-2 DXに失敗している組織で何が起こっているのか

デジタルフリクションが人を疲弊させ、システムの活用を阻害する

ＤＸに成功している組織は、導入したシステムの価値を最大に引き出すことができています。逆に言えば、失敗している組織では、システムの価値を引き出せていません。

その理由は「デジタルフリクション」です。フリクションとは日本語で言えば「摩擦」ですが、実際にシステムを利用する上で操作に迷ったり、ミスが発生しその修正に時間が余分にかかったりする現象や、デジタルを使うときに発生する「面倒だな」「やりたくないな」という心理的なストレスをこう呼んでいます（図１－４）。

手にとれば直感的に操作がわかるＡｐｐｌｅ製品とは違い、業務向けのシステムは、多くの場合マニュアルを見て操作を覚えることを前提としています。導入時には説明会が開催されて、２時間程かけて説明を受けます。一説には説明会終了時点で50％程度忘れてしまい、さらに１週間も経てばほぼすべて忘れてしまうのが人間ですから、現場で必要な際にはマニュアルを見ながら操作することになります。ところが、まずマ

図1-4　デジタルフリクションとは

デジタルフリクション

顧客や従業員がテクノロジーを利用する際に払う不必要な労力

- ✔ 操作を習得する為に繰り返される**研修・e-learning**
- ✔ **ヘルプデスク**への頻繁な問い合わせ
- ✔ ルーチンワークを完了するための冗長的な**クリック操作**
- ✔ 操作につまずくと確認する**操作マニュアル**
- ✔ 間違ったデータ入力に伴う**訂正・差し戻し対応**
- ✔ 情報を見つけるため、業務を遂行するために行う**アプリケーションの切り替え**
- ✔ 重要な仕事から時間を奪う**複雑なワークフロー**　など

WalkMe作成

ニュアルを探すのが大変です。最近は冊子ではなくイントラネットのどこかに置いてあることが多いと思いますが、まずそれを探し出す必要があります。そしてマニュアルを見つけたら、自分のやりたい処理について書かれた部分を見つけて、次にどの画面を表示するかを確認するという手順で、非常に面倒です。

この「研修を受けて使い方を学ぶ必要がある」「マニュアルを探す」「マニュアルのどこを見るかを確認する」「マニュアルを見ながら操作する」というのがデジタルフリクションの例です。

最近導入が進んでいるＳａａＳには、特有のフリクションもあります。ＳａａＳには一般的に業務がセットになっており、自社の業務をＳａａＳに合わせることで生産性が向上し、価値が出やすくなるように設計されています。つまり、価値を最大限に引き出すためには、自社の業務のやり方がそれまでと変わる可能性が高いことになります。これがＳａａＳの導入と単なる業務システムのリプレースの異なるところで、ＳａａＳを入れるということは「新しいシステムの使い方を覚える」だけではなく、「ＳａａＳを使った業務の進め方を覚える」必要が出てくるのです。例えば営業部門でSalesforceを導入するときには、「お客様とミーティングがあったから、その報告をどの画面のどこに入力する」という覚え方だけではなく、Salesforceの提供する営業業務の考え方を理解する必要があります。この例で言うと、Salesforceには商談の最初から終了までの間を定義するセールスステージという考え方がありますが、商談の進み具合をそのステージの考え方に基づいて管理し、ステージに応じて必要な報告内容も変えて入力する必要があったりします。この段階でかなりの人が脱落してしまう可能性も高いですし、そのフォローを生業にしている企業がたくさんあります。

また、多くのＳａａＳは「１００％力を引き出せたときの姿」をビジョンとして掲げていますが、導入した企業がそれを実現できているとは限らないということです。これもSalesforceの例がわかりやすいのですが、Salesforceは顧客情報を一元的に集約して様々な部署で連携し、活用するというビジョンがあります。もう少し具体的に言うと、お客様にかかわるすべての部署、例えばインサイドセールス、営業、カスタマーサクセス、カスタマーサポートなどが導入して、情報をすべて入力すれば、いつでもお客様を360度分析できる、顧客情報の共有のための会議をする必要がなくなり、顧客と最適なやりとりを行うことができるようになると掲げています。しかし実際には、そもそも情報が入力されていない、という初期の段階を越えたとしても、営業担当者が自分の商談記録とステータスを入力して成約率をランキングにしてみたり、上司が複数の商談の状況を見て優先順位を決めたり、といったことをできれば成功している部類で、レベルの差はあれどSalesforceが掲げるビジョンまで実現している会社はなかなか無いと思います。

では、ＳａａＳではなく自社の業務に合わせてスクラッチで開発したシステムではどうでしょうか。ＳａａＳとは違い自社業務に寄せているはずなので、業務を変えるフリクションは相対的には少ないですが、使い方がわからない、データ入力を間違えると訂正処理が煩雑、等のフリクションは発生するため、開発時に想定していた価値を

１００％引き出すことは困難です。

このようにそれぞれのシステムにおけるフリクションに加え、ＰＣを開いた瞬間から始まるデジタルＵＸ全体という広い視点で見たときにもフリクションが存在します。

この点で特に今後大きな問題になるのが、ＳａａＳ数爆発問題です。ＳａａＳが大量に導入されて爆発的に増えている状況では、何らかの業務を行いたいと考えたときに、そもそもどのシステムに行けばいいのかわからない、という新しい問題も発生してきています。米国では一社あたり４７３個のＳａａＳが導入されている調査結果を先に示しました。日本は米国の数年遅れで同じ状況になることがこれまでの歴史からも明らかなので、早晩日本企業もＳａａＳ数爆発問題に直面します。

また、複数のシステムに跨って処理をしなくてはいけないような業務も一般的になってきます。例えば社員が結婚したら、住所と名前の変更、扶養関係の変更、諸手当の変更、お祝い金の支給など、「結婚」というイベントに紐づく複数の手続きのために、複数のシステムの操作が必要になります。一生の間にそうそう何度もあることではないイベントなのに、やることが多すぎてどの業務をどのシステムで実行するのかわからず迷子になるし、切り替えも煩雑です。これもデジタルフリクションの例です。このような

図1-5　アクティブに利用されているSaaSライセンス

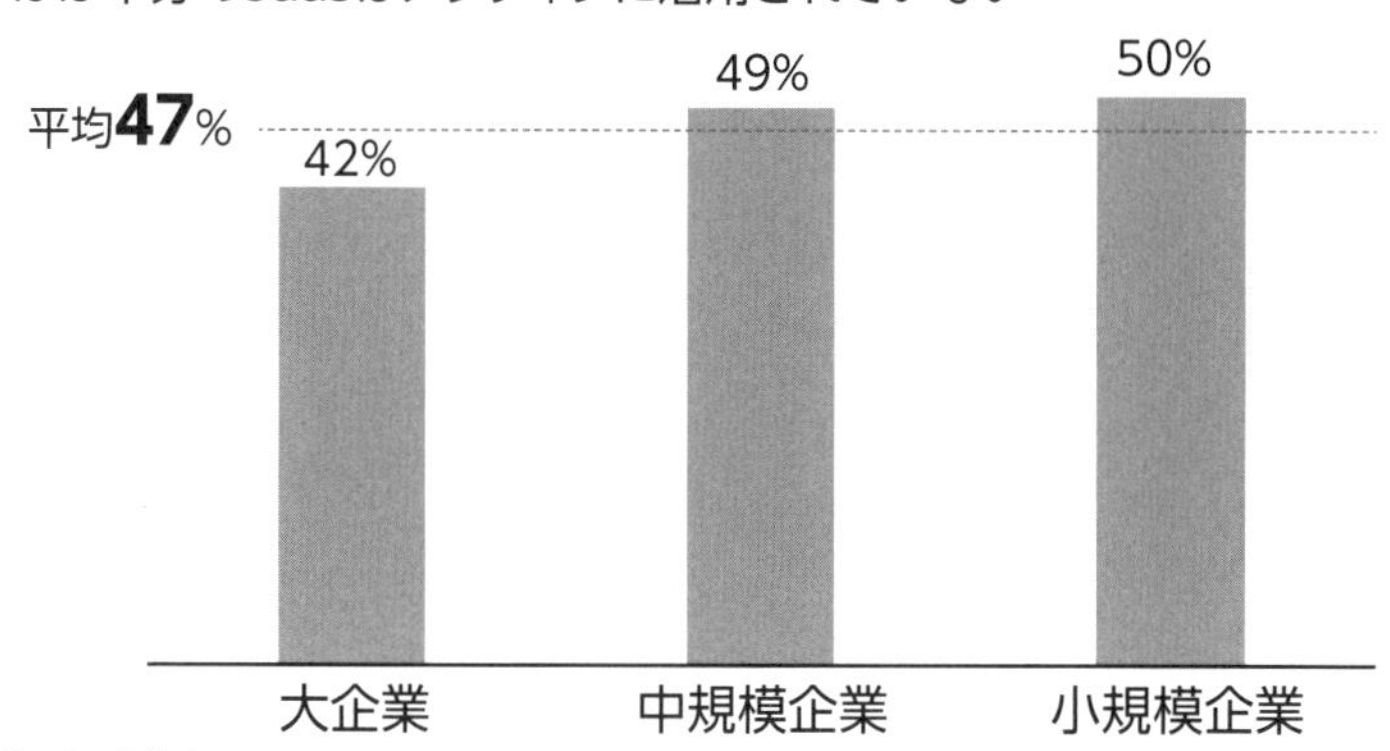

Productiv作成

デジタルフリクションの結果として、大体平均すると一つの企業が導入しているシステムのうち、47％は期待通りに使われていると言えず、コストが垂れ流しになっているというデータもあります（図1－5）。

日本企業にはチェンジマネジメントが欠如している

ＤＸという言葉の中では、デジタルに注目が集まりがちですが、デジタルは手段であり、トランスフォーメーション・プロジェクトとしての目的が存在するはずです。

これまで日本企業はプロジェクトマネジメントの考え方を取り入れてきました。プロジェクトマネジメントとは、「いつまでに、どの段階まで、実施するか」を明確にして、そこから逆算してプロジェクト成功までの計画を立てて、管理していくことです。

一方、欧米では、プロジェクトマネジメントと並列するものとしてチェンジマネジメントがあります。チェンジマネジメントとは、組織の成功や成果を導くための変革を個人がうまく受け入れられるよう準備し、環境を整備して、個人をサポートし続けるための体系的なアプローチです。特に組織や人に着目し、組織や人が変革をポジティブに受け止め、実際にアクションを変えることにより、目的達成に近づけます（図1－6）。

しかし残念ながら、チェンジマネジメントは日本ではあまり知られていない状況です。

これには、日本特有の理由が二つあると感じています。一つは、きちんとDXのゴールを定義し、KPI等も用いながら、達成に向け自らのアクションの正しさを確認しながら進めていくという考え方自体がそもそも強くなかったからです。もう一つは、「システム導入」の意識があまりにも大きく、ともすればプロジェクトのゴールが、本来の目的からシステム導入にすり替わってしまっているからです。

マネジメントの大家ピーター・ドラッカー氏は「計測できないものは管理できない」と言っています。掲げたDXの目的に対し、その達成に向かって進んでいるかどうか

図1-6　変革を支えるプロジェクトマネジメントとチェンジマネジメントの違い

変革の成功のためには、プロジェクトマネジメント、チェンジマネジメントの両輪が必要

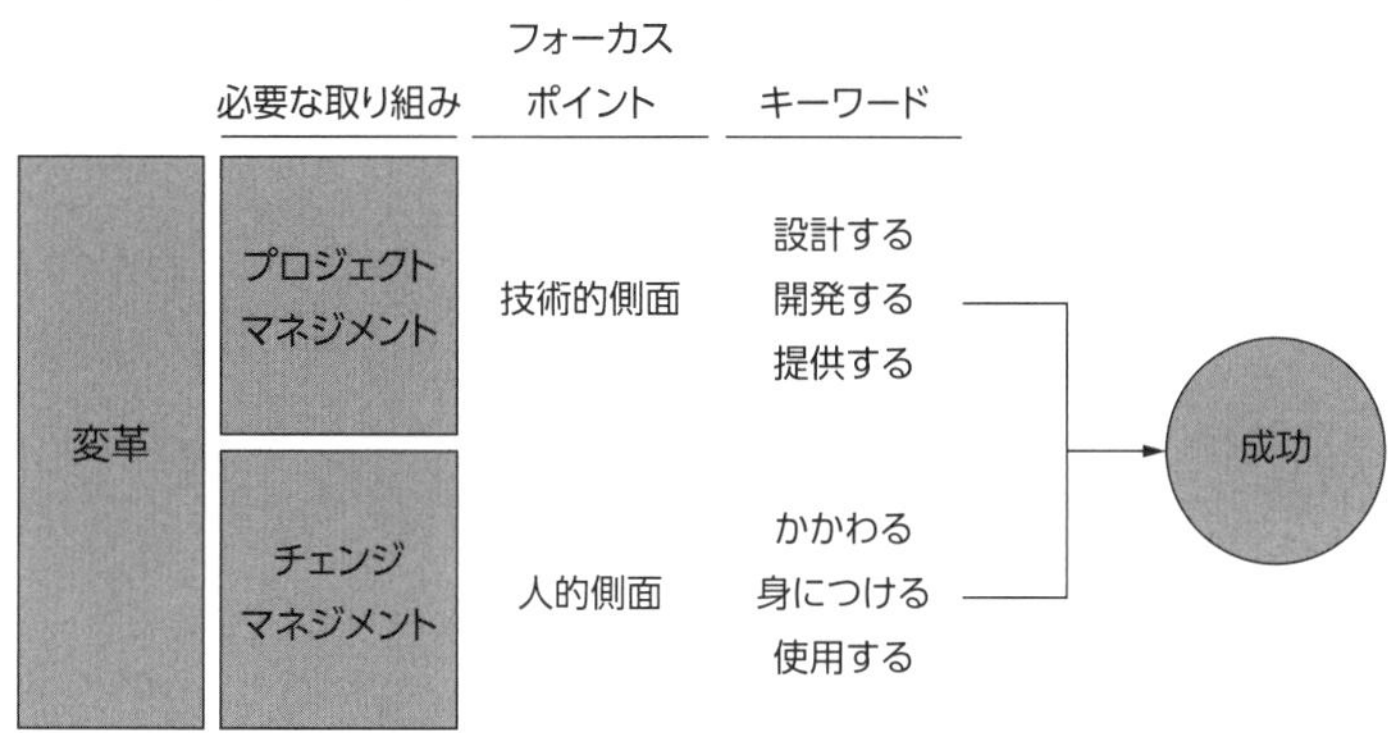

Prosci作成資料を元にWalkMe作成

を、いくつかのKPIにブレイクダウンして追いかけ、必要があれば対策を打たなければなりません。例えば導入したシステムに関し、もしかしたらログインユーザー数等は見ているかもしれません。しかし、仮にそれが期待まで届いていないとして、次にどうすれば良いかはもう少し深く見なければなりません。肝となるプロセスを実施しているか、最も時間がかかっているページは平均して何秒かかっているか、等です。それらを観察した上で必要な手を打っていく必要があります。

また、これまで多くの日本企業では、システムはローンチすればそれでいったんの成功とみなされることが多かったと感じて

図1-7　チェンジマネジメントの5つの教義

教義1	変革には理由がある	→	なぜ変革をするのか?
教義2	組織が変わるためには、個人が変わる必要がある	→	仕事のやり方を変えなければならないのは誰か(そしてどのように)?
教義3	組織の成果は、個人の変革の集合結果である	→	成果はどの程度、受け入れと活用次第なのか?
教義4	チェンジマネジメントは、人的側面の変革の管理を可能にするための枠組みである	→	受け入れと活用をサポートするにはどうしたらいいのか?
教義5	チェンジマネジメントを実施するのは、変革によるベネフィットと望ましい成果を実現するため	→	受け入れと活用の促進がいかにより良い結果につながるのか?

Prosci作成資料を元にWalkMe作成

います。本来であれば、システムが稼働し始めてから、プロジェクトのゴールを達成するための組織や人を中心とした営みが始まります。しかし一般的な日本企業においては、ローンチのタイミングで、何か問題があったときに対応するリアクティブな体制に変わり、一仕事終えた形になりがちです。

最終的なDXのゴールに到達するためには、組織や人を動かすチェンジマネジメントを、今からでも日本に導入すべきだと強く思います（図1－7）。

日本企業の多くが抱える、システムの価値を引き出しきれない構造

様々な部署が自らＳａａＳを導入するようになったことで、情報システム部門が把握していないシャドウＩＴが発生するリスクが上がっています。特に最近問題になっているのが、生成ＡＩを部門で勝手に導入してしまい、自社の重要な情報を入力して流出させてしまうという事件で、海外ではニュースになるほど頻発しています。

さらにユーザーをサポートする部門は、デジタルフリクションでストレスを溜めたユーザーからのクレームや問い合わせで疲弊しています。そもそもユーザーの多くが、これ以上システムを使わず今まで通りのやり方を続けたいと思っています。新しいシステムを使うのは、業務命令でどうしてもやれと言われたときか、使わないと不都合が起きるときです。そこを乗り越えるための心理的なインセンティブを準備し、乗り越えさせる努力があまりできていません。ユーザーを変え、システムを活用し、ビジネスゴールを目指すためのチェンジマネジメントへの取り組みがされていないのです。

顧客接点のデジタル化の流れも活かしきれていません。顧客に提供するシステムなのに、導線が提供する側の都合に合わせて設計されていては、顧客は気持ちよく使うことができません。デジタルによってカスタマーエクスペリエンスが向上できればビジネス

にとってチャンスになるはずなのに、使いにくいシステムでかえって不満を溜め、顧客離れを招くことにつながります。

図1－8をご覧ください。もともとシステムを導入しようと考えたときには、稼働開始すればバラ色の未来が広がると考えていたでしょう。しかし、実際に蓋を開けてみると、システム導入前よりも生産性が下がり、困った状況に陥ることも稀ではありません。この期待と現実のギャップは、デジタルフリクションとチェンジマネジメント欠如から生み出されています。

その結果、ソフトウェアへの無駄な支出として大企業では平均して年間20億円、そして、コンプライアンス／リーガルリスクの増大に懸念を持っている企業が62％といった調査結果もあります。

これらをマクロに捉えると、テクノロジーに対する投資は年々大きくなってきていますが、残念ながらその伸びの傾きに対して、ビジネス価値の傾きが追いついておらず、投資に対するリターンとのギャップが広がっていると考えられています（図1－9）。

このように、システムの価値を引き出すように使えない状況になり、その状況が年々深刻になっていて、これがDXの失敗の原因となります。そして日本企業の多くは、こ

図 1-8　DX の期待と現実のギャップ

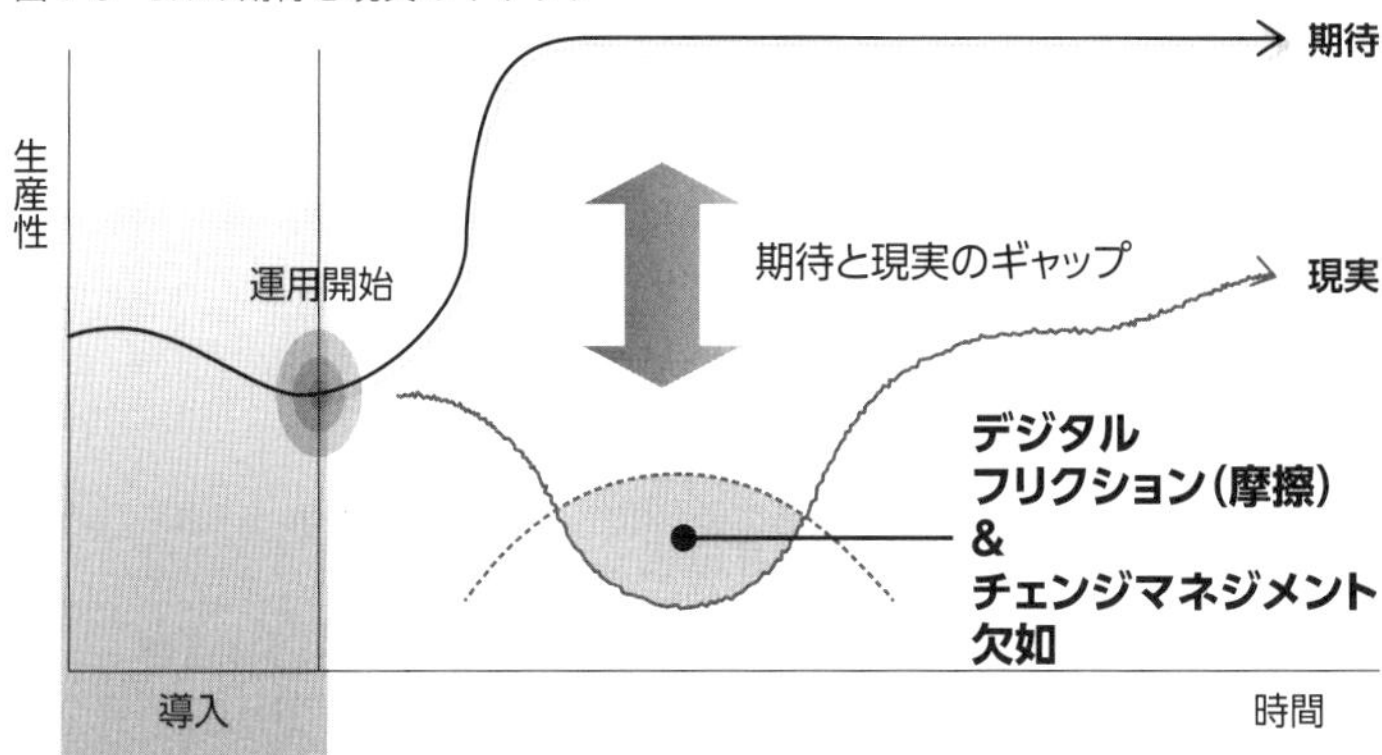

WalkMe作成

図 1-9　デジタルアダプション・ギャップ

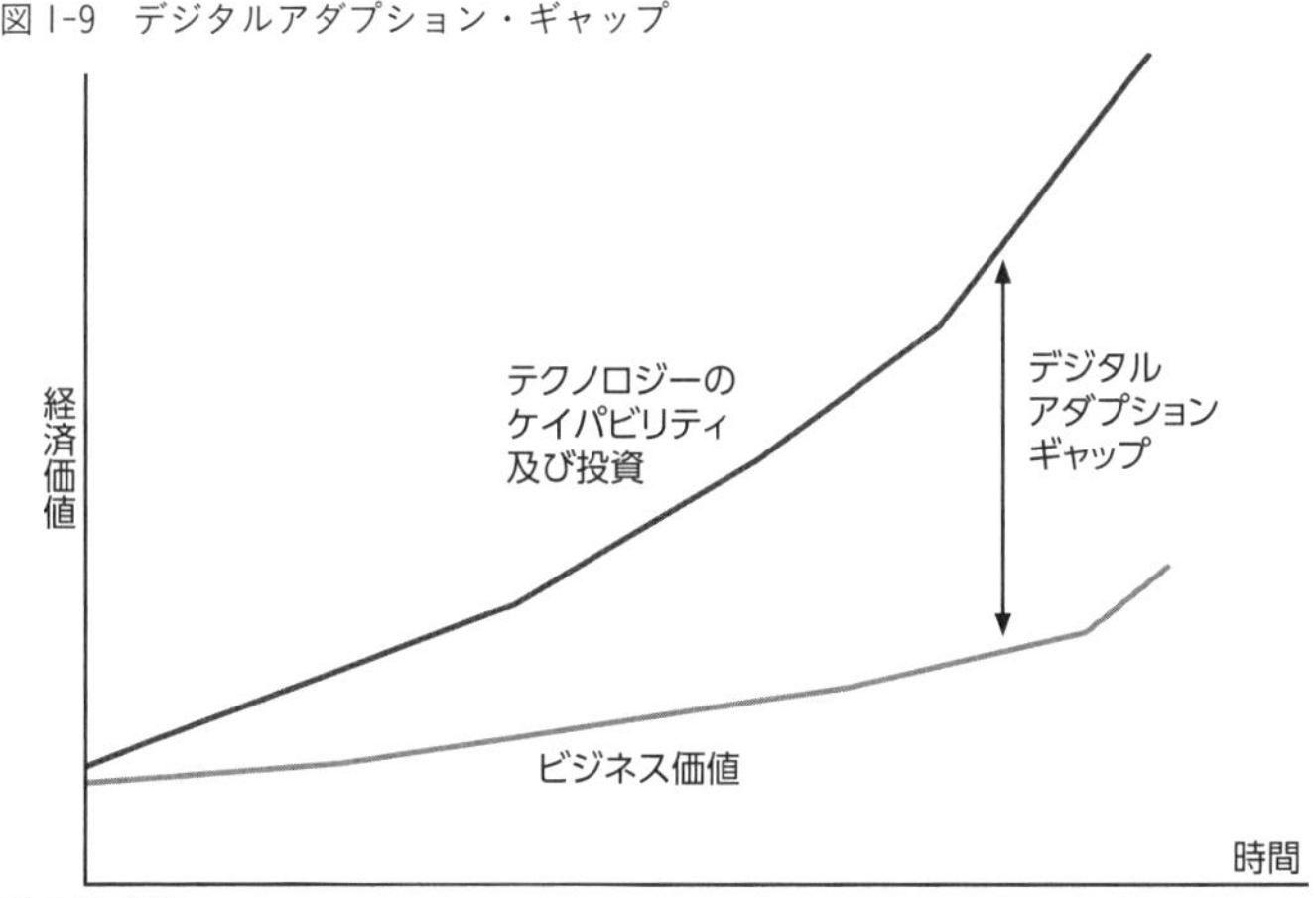

WalkMe作成

図 1-10　各国の IT 人材の所属分布

IT人材の所属は、日本は72％がベンダー側だが、米国は65％がユーザー企業側

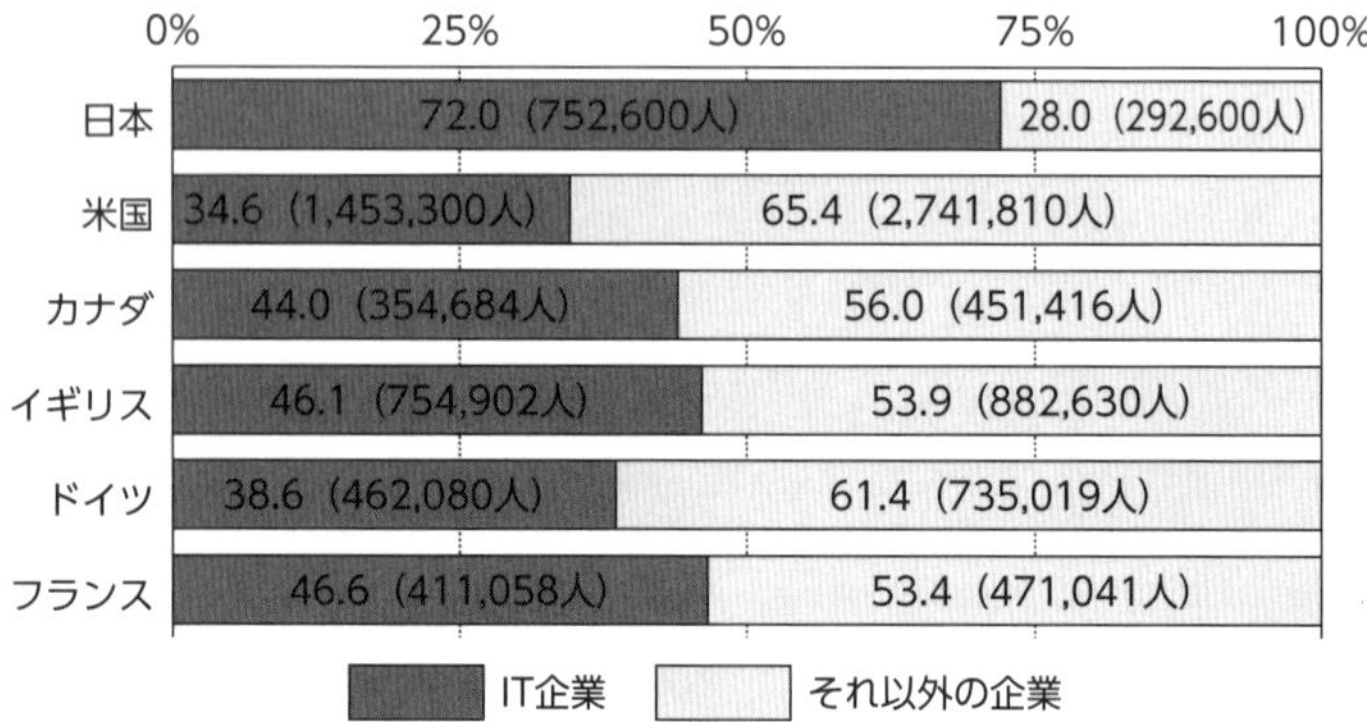

「IT 人材白書 2017」、IPA

の問題をすぐに改善することが難しい構造を抱えています。

少し古いですが、情報処理推進機構の『ＩＴ人材白書２０１７』によれば、日本のＩＴ人材の7割はＳＩｅｒ、ベンダー、システム子会社などのＩＴ企業に偏在しており、その状況は今も変わっていません。その結果、日本企業のＩＴ・ＤＸ部門の多くは、プロジェクトマネージャーこそ社内に置きますが、実際の開発は外部に委託することが一般的です（図１－10）。

外部に委託するということは、ある程度まとまった単位で仕様を確定して見積もりを行い、発注するということになります。納品までにはどうしてもリードタイムがか

かり、一度納品されたものを修正するにはある程度使ってから修正点をとりまとめるという形になります。そうこうしているうちに2ヶ月、3ヶ月と時間が経ってしまうようでは遅すぎます。

そのことに気づいた企業は内製化に舵を切っています。ノーコード・ローコード開発の流れも後押ししています。内製化すれば、小さな単位で作って、使ってみて、修正点があればすぐに直してまた使ってみるという形で高速にPDCAを回すことができます。しかしそれだけでは、どんどん増えていくSaaSを含めて「使ってもらえない」問題は解決できません。その内製化チームを活かすような、社内のエンタープライズ・アーキテクチャレベルの再構成が必要となります。

1-3 本質的な問題は人とシステムの断絶にある

システムの価値をどこまで引き出せるかは人にかかっている

ＤＸでどのような状態を目指すかによって、直面すべき課題は変わってくると考えられます。

例えば、インターネット広告の世界では、顧客も含めたプロセスがEnd-to-Endでつながっています。広告はリアルタイムに入札され、その結果に基づき広告を配信するといった一連の流れが、人が介在することなく行われます。パフォーマンスの改善はデータサイエンティストによるアルゴリズムの改良によって行われ、引き出される価値はほぼ計算した通りに上がっていきます。いったん人を排したプロセスが完成した後は、いかにアルゴリズムを改善していくかがポイントになってきます。

一方、例えば介護業界では、オペレーション管理等は現時点でもデジタルがカバーできるとは思いますが、介護士による被介護者への物理的なサービス部分のデジタル化はまだまだ先になるものと思われます。

今後も、End-to-Endで人が介在する部分をどんどん縮小させていくトレンドにあるでしょう。ＤＸの狙いの一つは、ある意味、そうしたプロセスをいかに多く作ることができるか、とも言えます。しかし、まだまだ人が介在する部分が多く残っているのも現実です。また、ＵＸデザインとして、意図して人が介在する部分を残すこともあるかもしれません。いずれにせよ現実的に考えると、特に従業員向けに関しては、当分の間は人が介在することになります。

それを前提とした世界で考える限り、私は、ＤＸの成否を分けるのは人であると確信しています。

ガートナーによると、ＤＸを推進する際に企業が直面する最も一般的なハードルの一つは、変化に対する社内の抵抗とのことです。

また、先にＢＰＲ提唱者のマイケル・ハマー氏が、ＢＰＲの失敗の確率は50％～70％であると話したと触れましたが、彼はこう続けています。「ただし、その数字はＢＰＲ自体がもつ成功・失敗の確率ではない。その多くの原因は人に起因するものである」と。

企業内にあるシステムでは、従業員にユーザーとして操作を期待するものが一般的です。ユーザーが様々なシステムの用途と使い方を理解し、組み合わせることでシステムとして利用することができれば、価値を引き出せるでしょう。つまり、システムの価値をどこまで引き出せるかは、ユーザーがどれだけシステムを理解し、使いたいというマインドになることができるかにかかっています。しかし、前節で見てきたように、多くのユーザーはデジタルフリクションを抱えて、システムを使えない、使いにくい、使いたくないと思ってしまっている、マインドチェンジが必要な状態です。人とシステムの間に断絶があるのです。

システムの使い方を教える方法では限界がきている

この断絶を解消するために、ユーザーとシステムをアジャストする、すなわちユーザーがデジタルフリクションを感じずに、様々なシステムを組み合わせて利用し、業務を進められるようにすることが、システムの価値を引き出すための最初の課題となります。その観点でみると、現在のシステム導入は課題が多いかもしれません。例えばＳａａＳの導入にあたっては、Fit to Standardという言葉を使われることが多くなってきました。ベストプラクティスを取り込んだ効率的な業務プロセスに自社のやり方を合わせるのが、システムの価値を引き出すことにつながるという考え方です。その考え方自体はとても良いと思います。しかし、もし工夫もなく行うとすると、これまで全くなじみのない考え方のシステムに、人間が合わせなくてはいけないということになり、デジタルフリクションは大きくなります。その結果、システムの価値を引き出すことが難しくなります。デジタルフリクションによる効率の低下は、人間がシステムに合わせるのではなく、システムが人間に歩み寄ることで解決する必要があります。

ユーザーとシステムをアジャストするためにこれまで行われてきたのが、一つ一つのシステムごとのマニュアルの整備です。マニュアルを作る側は、ユーザーが見てその通りに操作してくれればやりたいことができる、という期待感を持っています。しかしユーザーの立場では、マニュアルを渡されても「まずどこを見ればいいかわからない」「見て操作しても本当に正しいのかわからない」となってしまい、そこに断絶が発生することになります。まだまだ歩み寄りが足りません。画面の横に置いて視線を移動させながら確認する紙のマニュアルに比べると、電子マニュアルにすることで検索しやすくなり、視線の移動も楽になります。しかし、書いてあることを人間が解釈して「本当に正しいのか」を悩まなくてはいけないという点は残ります。

さらに一社あたり473個ものSaaSが存在する状況で、そもそもやらなくてはいけない業務のためにどのシステムを使えばいいかわからず、最初の段階でつまずいてしまう問題は解決できません。また、複数のシステムを跨ぐような業務フローが一般的になっていますが、そのような複雑な処理をストレスなくマニュアルで導いていくのは至難の業です。もし仮に、マニュアルがなくてもわかるようなＵＩやＵＸを作れば基本的な操作がわからないという問題は解決できるかもしれませんが、業務上肝になる操作については間違いが起こらないように何らかの手段で情報を提示する必要があります。

使うのが難しいシステムを、もっと使いやすく簡単なものに置き換えるという考え方もあります。しかし、業務プロセスが複数システムを組み合わせて使うことで進められているので、一つのシステムを入れ替えるということは他のシステムにも影響が及ぶことであり、簡単にできるものではありません。

「人」を競争優位性の源泉とする

最近はＶＵＣＡの時代と言われています。物事の不確実性が高く、将来の予想が困難な状況を意味しています。こうした移り変わりの激しいビジネス環境において、様々なデジタルを使った変革を行っていく場合には、特にスピード感を持って推進する必要があり、ますます人とシステムのアジャストが課題となってくるでしょう。その解決のためには「人」に着目して、システムの側から人に寄り添うデジタルフリクションの解消と、変革を受け入れるように人を変えるチェンジマネジメントが必要です。この二つがあまり認識されておらず、責任を持って実行する主体が欠けていたことが、日本企業のＤＸが不完全なままであった理由です。

なぜ今、「人」に着目する必要があるのかを、別の視点で説明してみましょう。

１９８４年に米国でベストセラーとなった『The Goal』という小説があります。機械メーカーの工場長である主人公を中心に繰り広げられる、工場の業務改善プロセスを主題とした小説です。

この本の中で語られているのが「制約理論（ＴＯＣ）」です。システムのパフォーマンスを妨げる制約条件（ボトルネック）に着目し、そこを重点的に改善することで、短時間のうちにスループットが改善されます。しかし、改善を進めるにつれてボトルネックはどんどん移動していきます。

この考え方を、ＤＸ、すなわちデジタルによる競争力強化にあてはめてみたのが図１－11になります。かつては人間がすべてを処理していたところに生産性の向上や業務

図 1-11　人を競争優位性の源泉とする時代

時代とともに移動するボトルネックは、今の時代は人とシステムのインタフェースに存在

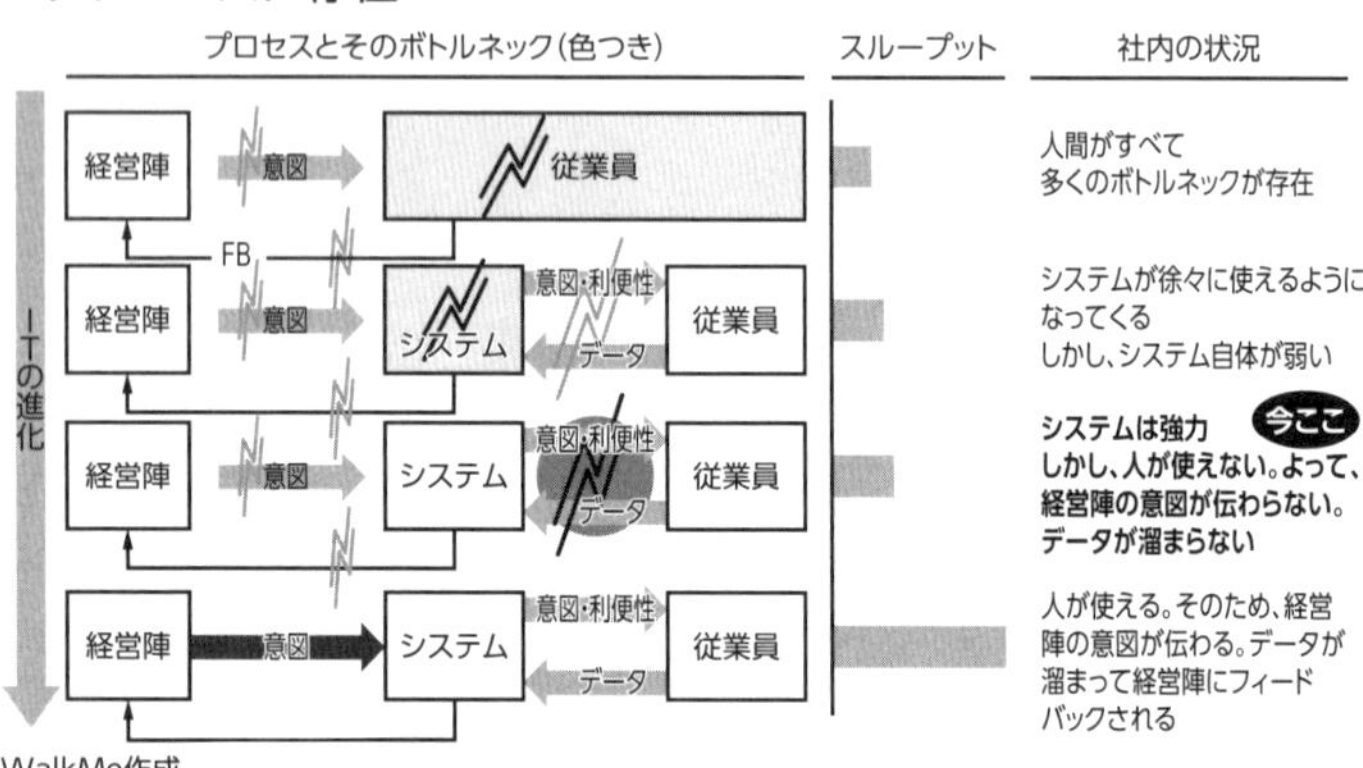

WalkMe作成

効率の改善、データの蓄積を図る意図で、システムが導入されていました。初期には、システムがボトルネックだったので、機能を増やし、処理速度を上げることがスループットの向上につながりました。そして今、強化されたシステムを、人が使いこなせないことがボトルネックになっています。優れたシステムを導入しても正しく使われないので、データが蓄積されず、経営陣にフィードバックされない。だから、迅速で正しい意思決定ができず、競争力が上がらない。これが今の状態です。

次の段階、すなわち「強化されたシステムを人が使いこなし、データを蓄積して経営者に正しくフィードバックして迅速な意思決定を行う」ためには、人にフォーカスした改善が必要になります。

CHAPTER

2

人とシステムのインタフェースの再設計

2-1 デジタルUX全体の最適化で可能になること

ＣＩＯ／ＣＤＯ、ＩＴ・ＤＸ部門の皆さんは、社内に存在する多数のシステムを前提として、従業員が業務をいかに効果的・効率的に実施できるか、ひいては、企業全体として競争優位性につなげるかを考えていかなくてはいけません。では、それはどのようにしていけば良いのでしょうか。

ＰＣを開いた瞬間からデジタルＵＸ全体をカバーする

最近のＳａａＳ流行で顕著ですが、ブラウザ上でシステムを利用して業務を遂行することが増えてきました。そうしたシステムを利用するためには、ＰＣを立ち上げた後、まずブラウザを開き、リンクやブックマーク等を利用してそのシステムまでたどり着く必要があります。

しかし、そもそも従業員がやらなくてはと思った業務は、どのシステムを使って遂行するのか、一社の中に４７３個ものＳａａＳがあるという状況の中で、誰もが迷いなくわかる、と前提を置くのはとても危険です。先に例として出した「社員の結婚」という人生のイベントがあったときの業務プロセスでは、人事サービスで住所・名前・扶養関係の変更、経理サービスでお祝い金支給、諸手当の支給の入力や通勤交通費の変更など、それぞれのＳａａＳに対して必要な処理を行う可能性があるでしょう。しかし、社員の視点からは、そもそもどのような処理が社内に存在するのか、またそれを知っていたとしてもどのシステムでそれを実施するのか、システム名がわかったとしてもどこにいけばいいのか、困難は山積みです。

「結婚」は人生においてもそう何度も起こることのない特殊ケースかもしれませんが、普段よく使うシステムに関しても、まずはシステムの中の特定の業務フローのページに行く必要があります。人事、経理、営業などの部署単位のシステムであることが一般的ですが、そのシステムがカバーしている多数の業務フローのうち、目的とする業務フローにたどり着くのは大変です。例えば、営業担当者が、取引先の作成、案件の登録等をやりたいときには、当該ページまで行く必要があります。

また、業務は、従業員が能動的に行う場合ばかりではありません。人事や経理が期日までに従業員に何らかの処理を終えてもらうようプッシュすることもあるかもしれませ

図2-1　PCを開いた瞬間からカバーされるデジタルUX

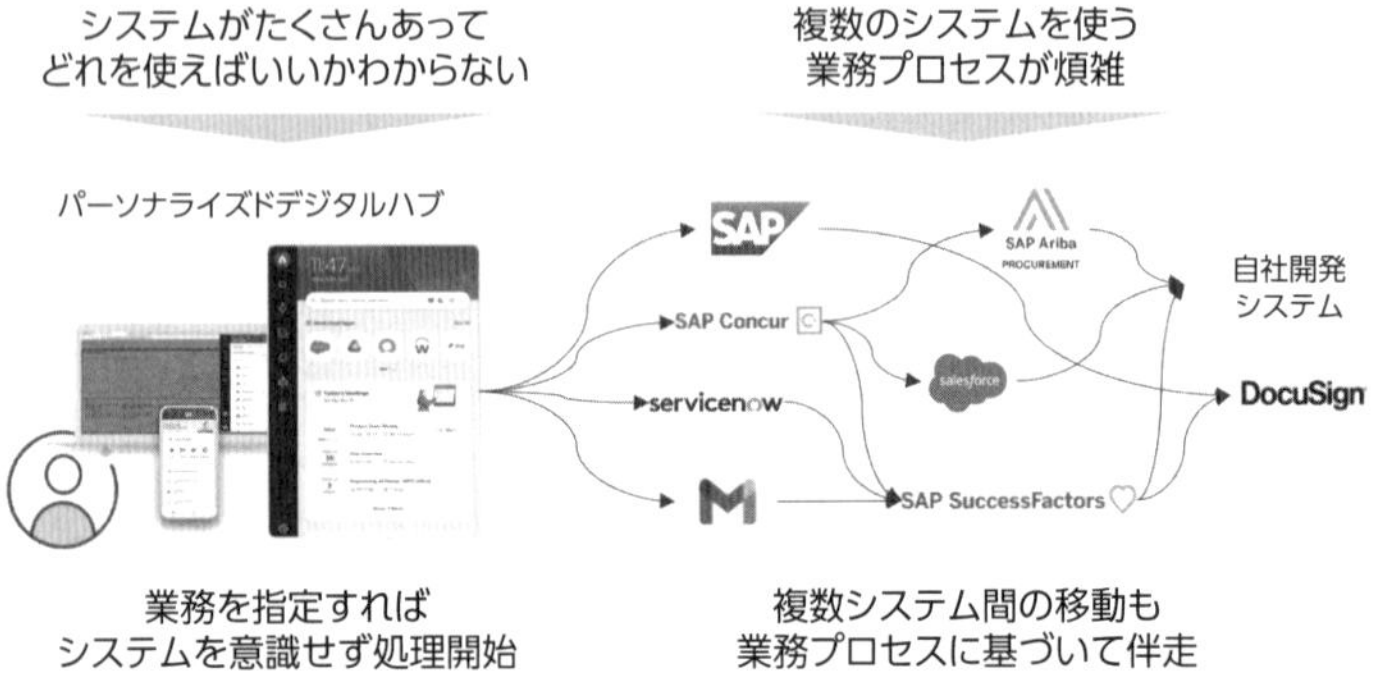

WalkMe作成

ん。あるいは、営業担当者に対して毎週決まった日時までにシステム上でレポートするようリマインドがあったほうがよいでしょう。こういったことはこれまでメールやウェブページ上でのアナウンスがありました。しかし、必ずしもこれまでの手段は完璧ではなかったというのが事実です。

私はこうした課題に関して、従業員の手元に最も近い位置に、常に呼び出せるデジタルハブを置くべきだと考えています。

デジタルハブは、従業員がやりたい業務を伝えるだけで、適切なシステムの適切な画面まで連れて行ってくれる働きをします。先の結婚の例で言えば、ショートカットキーでデジタルハブを呼び出し、「結婚」と入力すると、関連する処理が一覧化されます。そして、聞かれるがまま、名字が変わる、住所が変わる、というような自分の身にどういう変化があるかを教えるだけで、自分にとって必要な処理が特定され、それぞれのシステムに誘導され、そこでは使い方を知らなくても目的を達成できる、というような流れです（図2－1）。

また、会社側がどうしても従業員にさせたい処理は、画面上にポップアップ等で無視できないように強制力を持って実施させることも可能です。

例えば、毎週金曜の夕方には、強制的に営業担当者の画面にレポート入力を促す画面を出現させ、その中にあるボタンを押すと、必要なシステムに飛び、そこでなるべく手間がないように自動化を行いながら短時間でレポート入力を終わらせる、というようなイメージです。

実はユーザーにとって、ブラウザで目的のシステムに到達するまでのデジタルフリクションはとても大きなものです。しかし、デジタルハブを置くことで、ＰＣを開いた瞬間から、システムではなく業務だけを意識して仕事を行うことが可能になります。ここまでの例では、ユーザーは必ずしもシステム名を知らなくても、目的の業務を実現できることに気づかれましたでしょうか？

また、新入社員は、入社直後からデジタルハブのＴｏＤｏリストに従っていけば、ＩＴ環境の諸設定のセットアップや業務理解を進めることも可能となります。

ここでのポイントは、業務だけを意識して開始することが可能で、その後の操作においてもストレスなく業務を遂行できる入り口が、従業員の最も近い手元に存在している、ということです。

もしかしたら皆さんの会社には、ウェブのポータルやそれに近いソフトウェアで、いろいろなシステムに飛ぶことができる入り口がすでに存在するかもしれません。しかし、「業務だけを意識して開始することが可能で」「その後の操作においてもストレスなく業務を遂行できる」、その入り口が「従業員の最も近い手元に」存在することが重要だと考えています。

次に「その後の操作においてもストレスなく業務を遂行できる」部分に関しても見ていきましょう。

システムを意識せず業務にフォーカスする

最初のシステムまで到達して業務を始めた後を考えましょう。

図 2-2 システムとシステムの間の断絶が発生すると、競争優位性が確保できない

企業A	企業B
・個別のシステムでのユーザー利用に課題がある ・一連の流れがつながっていない	・ユーザーは各システムを期待通り利用している ・一連の流れがつながっている

（図のシステム間の連携はイメージ）
WalkMe作成

重要なことは二つあると考えています。まず、業務プロセスに沿ってシステムをシームレスに切り替えながら使えるようにすること。そして、デジタルUX全体としてUI／UXを統一するということです。

当然なのですが、システムのマニュアルは、そのシステムの中で操作が完結するように作られています。一つのシステムで完結できる業務であれば、ユーザーがシステムのマニュアル通りに迷わず操作することで100%の価値を引き出せます。しかし、複数のシステムを組み合わせることで進める業務プロセスの場合は、システムの中で迷わないだけでなく、システムとシステムの間で断絶が発生することなく連携で

きている必要があります（図2－2）。

ユーザーに必要なのは、個別のシステムの使い方を詳しく知ることではなく、業務プロセスを実行するために順番にシームレスにシステムを切り替えて、それぞれのシステムの中で必要な機能を使い、操作を行うことです。プロセスの中で使わない機能や不要な操作は知らなくていいし、むしろ見えない方が迷わなくていいとも言えます。言い換えると、業務プロセスに対応した「組み合わせ」の価値を100％引き出すためには、個別のシステムの機能を100％引き出す必要はないのです。業務プロセスの側で、システムの組み合わせを決め、操作手順を定義すること、そしてユーザーが迷わないように必要なものだけを見せ、不要なものは見せないようにしてスムーズに操作できるようガイドすることが、組み合わせの価値を引き出すためには重要です。

システムはそれぞれ目的が異なるので、操作体系や見た目が異なります。この違いが、デジタルフリクションを生むことになります。シームレスにシステムを組み合わせて使うためには、デジタルUX全体でUI／UXを統一して、システムが切り替わっても操作に迷わないようにすることが必須となります。

システムはベンダーが提供するものですが、業務プロセスは企業が自社で定義するものです。業務プロセスに合わせてＵＩ／ＵＸが統一された複数のシステムをシームレスに利用することによる価値は、使用するシステムの価値の合計ではなく、自社の業務にフィットした「新しい価値」であると言えるでしょう。先の例のように、「社員の結婚」というイベント時の業務プロセスでは、人事サービスで住所・名前・扶養関係の変更、経理サービスでお祝い金支給、諸手当の支給の入力や通勤交通費の変更など、それぞれのシステムに対して必要な処理を行います。それは、人事システムや経理システムなど、それぞれの価値の一部を利用することです。一方で、担当者から見ると、業務プロセスに最適化された複数のシステムをシームレスに利用できることは、「結婚イベント発生時の業務プロセスの実行」という「新しい価値」をもたらします。

それぞれのユーザーの立場でシステムに求めるのは「自分の業務を実行する」ことです。システム全体を最適化して、複数のシステムを切り替えながら実行できる最適化された組み合わせを提示することができたとしたらどうでしょうか。ユーザーは業務プロセスを選ぶだけで、デジタルフリクションを乗り越えて「新しい価値」をシステムから引き出すことができるのです。

ROIの向上と無限ループからの脱出

デジタルUX全体の最適化で創出された「新しい価値」は社内に何をもたらすでしょうか。

マニュアルの導入やナビゲーションツールの導入などの方策は、個別のシステムの価値を100％引き出すという考え方でした。

しかし、実際の業務プロセスは、PCを開いた瞬間からシステムに飛び、複数のシステムを切り替えながら進められます。それぞれのプロセスは、複数あるシステムの機能をすべて使っているわけではなく、一部の機能を組み合わせて別の新しい価値を実現します。そうであれば、人とシステムをアジャストするときに最大化を目指すべきなのは、個別のシステムの価値ではなく、業務プロセスに対応したシステムの「組み合わせ」の価値を100％引き出すことです。システムから人への歩み寄りの、そもそもの発想を変える必要があります。

個別のシステムごとに最適化されたベストプラクティスに人が合わせるのではなく、複数のシステムを業務の流れに応じてシームレスに切り替え、個別のシステム内だけでなくシステムが切り替わっても、プロセスの最初から最後までをスムーズに進められる

図2-3　SaaSが一般化した環境下における競争力

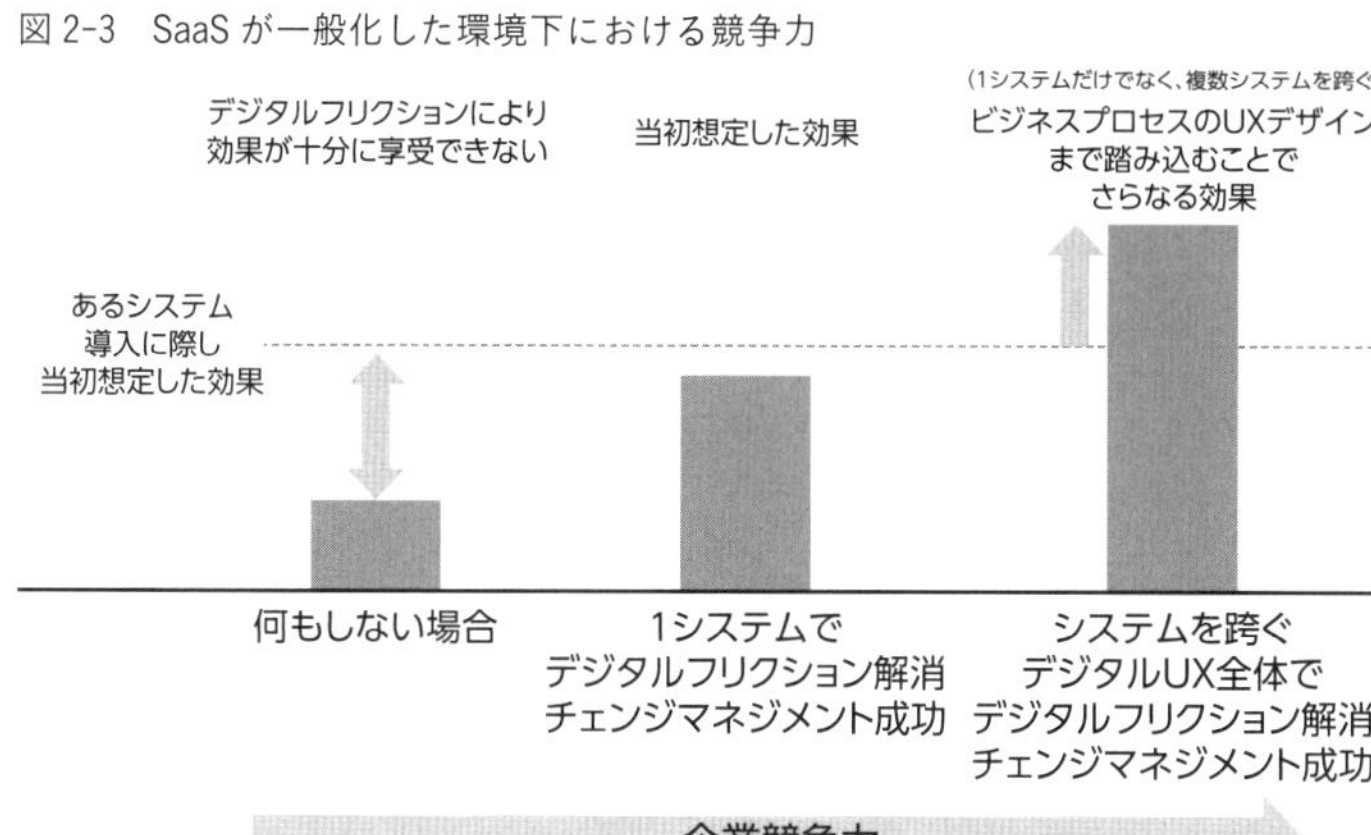

WalkMe作成

ようにすることが、デジタルフリクションを解消しユーザーとシステムの間の断絶を解消することになるのです。

その結果として、シンプルにROIが上がります。企業はDXに巨額の投資をしているにもかかわらず、デジタルフリクションによってユーザーが価値を引き出せていないというのは前章でも述べた通りです。もしユーザーが「新しい価値」を引き出せているならば、競争優位性があります。様々なシステムを簡単に導入できる今、「システムを導入している」だけでは競争力にはなりません。例えば、同業他社のA社もB社もC社も、SaaSが一般的な世界では、同じものを導入していることは驚くことではありません。その中で、社員が多数のシステムの使い分けや操作に迷い、デジタルフリクションに押しつぶされている会社と、デジタルフリクションなく業務を遂行できている会社、どちらが強いかは自明です（図２－３）。デジタルフリクションをなくすことで、テコの原理のようにデジタル投資の効率が良くなり、ＲＯＩが向上します。

「新しい価値」により、ＤＸによる業務改善が加速します。デジタルフリクションがなくなることで、社員はデジタルを使ってうまくいった、という成功体験を積むことができます。すると、新しいデジタルにかかわる変革があったときにも「やればできる」と思えるので抵抗がなくなります。ＤＸにおける現場のハードルは、「新しいデジタルは使いこなせないから導入したくない」「導入しないからいつまで経っても使いこなせない」という「鶏が先か卵が先か」問題なのですが、成功体験はこのループから抜け出す契機になります。

内製化による高速ＰＤＣＡが可能になる

「新しい価値」は、ＩＴの内製化を促進し、ＤＸを推進しやすくなります。これについて少し詳しく説明します。

自社の業務プロセスに合わせてシステムの価値を引き出すには、自社で業務システムをフルスクラッチで開発したり、一つのシステムを自社に合わせてカスタマイズするというやり方もあります。このやり方の問題点は、「変えるのにコストと時間がかかる」ことです。特に日本企業の多くは、システム開発を外部のベンダーやシステム子会社に外注しています。変えようと思うと発注にコストがかかり、仕様のやり取りをするのに時間がかかります。さらに、仕様が変わるたびにコストと時間がかかります。結果的に、ローンチしたソフトウェアは何か問題が発生するまでは放置して、見直すことをしません。コンピューターのハードウェアとソフトウェアが分離しているメリットは、一度作ってしまうと変えるのが難しいハードウェアと違って、ソフトウェアはどんどん変えられるということなのに、活かせていないのです。

では、外注をやめて内製化すれば良いかといえばそれも簡単ではありません。欧米企業の場合、システム開発の内製化比率は高いですが、それはＩＴ人材の7割が事業会社にいるからです。日本企業の場合は逆に、ＩＴ人材の7割はＳＩｅｒにいます。事業会社のＩＴ・ＤＸ部門の仕事は手を動かすよりも外注先を管理するプロジェクトマネー

図 2-4　内製化による高速 PDCA

PDCAが高い可能性で必要となるUX部分を分けることで、短サイクルで何度も改善が可能となる

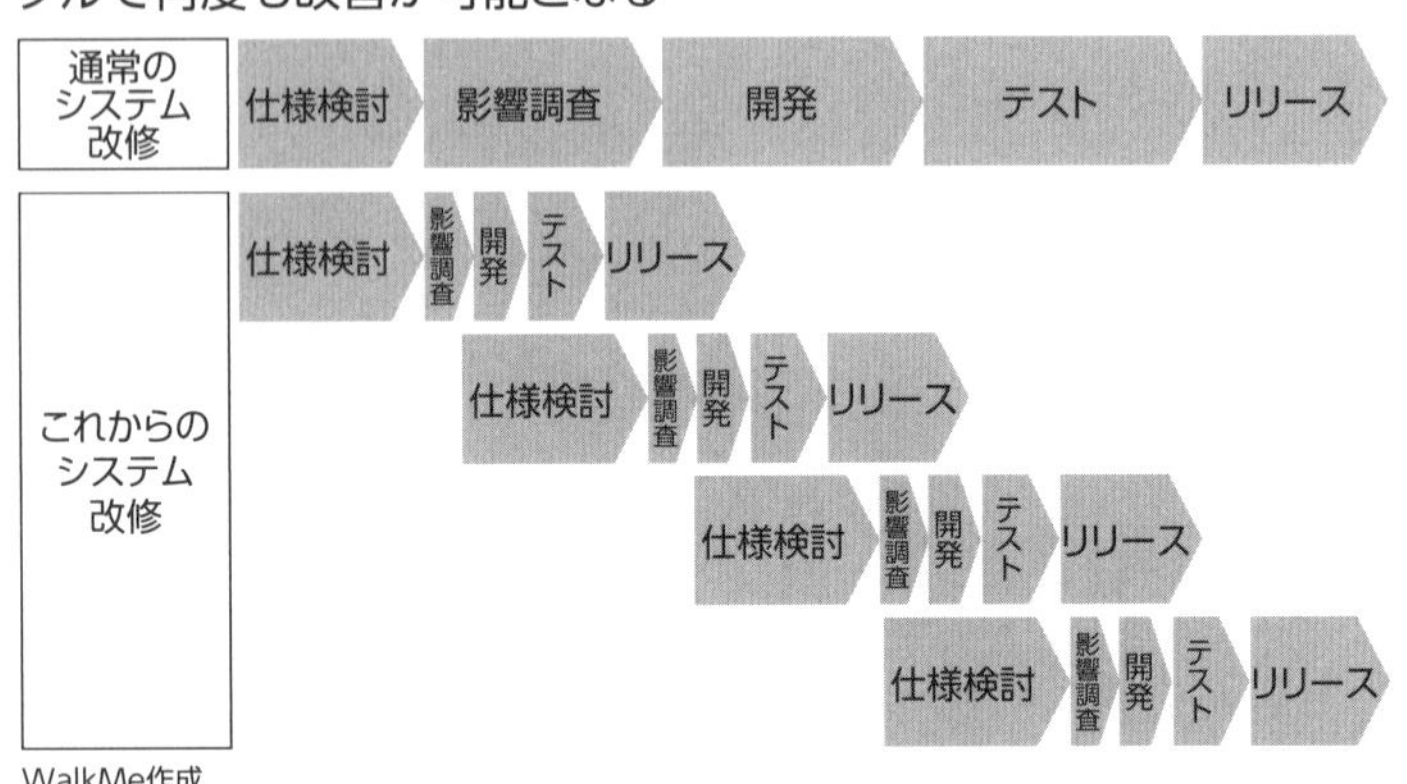

WalkMe作成

ジャーであり、システムの開発やカスタマイズを内製化することは困難です。

それに対して、システム自体のカスタマイズはデータやロジック部分を主とし、ＵＸ部分は自社でコントロールする仕組みを作ることで、自社開発やカスタマイズのようにすべてを外注しなくても、ＰＤＣＡが必要な可能性が高いＵＸの部分を変えられるようになります。内製化してＰＤＣＡを高速で回し、競争力を上げていくことができます（図2－4）。

内製化を進めるときに課題となるのは、ユーザーをどのように迷いや間違いがないように導いていくかと、システムごとに異なるＵＩ／ＵＸをどう統一していくかで

す。私たちＷａｌｋＭｅが提供しているＤＡＰ（Digital Adoption Platform）はそれが可能な仕掛けなのですが、詳しくは後ほど説明します。

また、社内向けシステムだけでなく、お客様向けサービスへの導入も非常に有効です。お客様向けサービスは決して止められないものです。改修するには、社内向けシステムと比べても慎重にならざるを得ません。しかし、導線を短期的に変えたり、プロモーション施策を行いたいといったニーズは一般的です。こうしたニーズに対しても、ＵＸ部分を分けておくことでリスクのない高速な改修が可能となります。

2-2 最適化のステップと留意点

複数のシステムを連携して企業内のシステムを最適化し、新たな価値を引き出す仕組みをどうやって実現するのでしょうか。ここでは、システムを人の身体に例えて説明してみます。

人が身体を思い通りに動かし、走ったり飛んだり、運動するには、脳の指令を神経網が全身の各所にある筋肉に伝え、筋肉が連動して伸び縮みすることが必要です。デジタルUX全体を人体とすると、一つ一つのシステムは上腕二頭筋や大腿四頭筋などの「筋肉」、システムを連携する仕組みは「神経網」にあたります。すると、複数のシステムを連携して最適化された状態は、「脳の指示が神経網を通じて複数の筋肉を動かし、思い描いた通りの動作ができる状態」になります。この状態を作るためのステップについて説明します。

①筋肉の導入

人体であれば脳や筋肉は遺伝子レベルで配置されているのですが、企業内のシステムの場合はたくさんあるシステムを正しく配置する必要があります。

よくある間違いが、便利そうな機能のあるシステムを見つけたら短絡的に導入することです。全体感をもって必要性を吟味しなかった場合には、契約更新のタイミングですぐに契約を打ち切ることになるかもしれません。このようなやり方では、社内のあちこちでバラバラに様々なシステムを導入されてしまい、結局有効に活用できず、ライセンス費用が無駄になってしまいます。

こうなってしまうのは、興味本位にシステムの面白さに着目して導入を検討するからです。やりたいことはシステムの導入ではなく業務プロセスの実行なのですから、まずは業務プロセスに注目する必要があります。

平均的な企業には、だいたい１９００程度の業務プロセスがあると言われています。単独のシステムで完結する業務プロセスは稀で、大抵の業務プロセスは複数のシステムがかかわります。つまり、システムの導入を検討するときには、対象とする業務をまず選び、その業務を完了させるために使うシステムはどれとどれかという順序で、全体を考える必要があります。

米国では会社の業務全体をＩＴの視点から俯瞰して社内のアーキテクチャを考え、それに従いながら導入するシステムを選定する「エンタープライズアーキテクト」という職位が一般的になっており、高付加価値な仕事と認識されています。

②神経網の構築

必要なシステムを選定したら、それらをシームレスに連携できるように手順を整理し、ＵＩ／ＵＸの統一を行います。これが、筋肉を神経網でつなぐことに相当します。新しいシステムの導入時には当然、導入前よりも生産性が上がる効果を期待しますが、実際には運用を開始した時点では導入前よりも生産性が下がることがほとんどです。

ＵＩ／ＵＸが統一されてシームレスに操作できたとしても、今までのやり方で曲がりなりにも回っていた業務に、新しいものを導入するのです。トレーニングしてもすぐに忘れてしまう、マニュアルを探すのも大変、そもそも前のやり方でうまくいっていたのになぜ新しいシステムに変えないといけないのかという後ろ向きな気持ちが、こうしたデジタルフリクションを発生させます。

期待通りの性能を１００％引き出すためには、それなりの工数を注ぎ込む対応が必要ですが、何もしなかったり、対応がうまくいかないと、デジタルフリクションが解消されずそのまま使われなくなってしまう場合があります。

特にＳａａＳの場合、デジタルフリクションはより発生しやすくなっています。というのも、ＳａａＳの想定している業務フローやそれに合わせた画面設計が日本企業のやり方に合わないことが多く、カスタマイズも難しいからです。

③神経網に信号を流す

人間が思い通りに運動するためには、神経網を通して送られた信号で筋肉が動き、その結果が脳にフィードバックされ、神経網が更新される必要があります。動作結果のフィードバックがあるからアスリートはより早く走れるようになり、高く飛べるようになるのです。同様に、システムの性能を１００％引き出すためには、ユーザーがシステムを使い、その結果発生したデジタルフリクションをフィードバックすることで、神経網にあたる手順やＵＩ／ＵＸを改善していくことが必要です。

デジタルフリクションの発生は、人体に例えると神経網が「痛み」を感じている状態だと言えます。痛みを取るためには原因を突き止める必要があります。しかし、導入したシステムの何が使われていて何が使われていないのか、ユーザーはどこでつまずき、何に不満を抱えているのかを手作業で探索するのは非常に困難であり、実際に対応できていない企業が多いのです。

改善ができないと、どのような問題が発生するのでしょうか。すでに、大企業では１社あたり４７３個のＳａａＳが導入されているという数字を紹介しました。では実際に、そのうちどのくらいのライセンスが有効利用されているかというと、42％、半分を切っています。これは米国の数字で、日本企業の場合はＳａａＳの導入数は現状これより少ないと思いますが、半分ぐらいは使われていない、という状況は近いでしょう。システムが増えるほど、使い方を覚えるのも大変、一つの業務を完結するのにいくつもシステムを切り替えるのが煩雑、といった問題に起因し、ルールが守られずコンプライアンス上の問題が発生する懸念が生じたり、従業員の不満が退職につながるといった懸念も発生しています。

改善のＰＤＣＡサイクルはできる限り速く回すことが競争力の強化につながります。わかりやすいのがソーシャルゲームのプロバイダーで、「課金率を上げる」「離脱率を下げる」といったＫＰＩを何十万人というユーザーのログをもとに常時測定し、ＵＩを少し変えてＫＰＩの変化を見てまた変えて、というＰＤＣＡサイクルを日次以上の速さで回しています。「いきなり１００点のゲームはリリースできない」ということを前提に、継続的な改善プロセスを確立することでダイレクトに収益、競争力につなげているのです。

企業内のシステムも同様で、競争力の源泉がデジタルにあるのだとすれば、フィードバックと継続的な改善プロセスによってＵＩ／ＵＸを改善していく必要があります。

しかし、多くの日本企業では、システムはローンチしたらそれで終わり、使われているかどうかはあまり気にしないという傾向にあります。そうではなく、本当に導入したシステムをエンドユーザーが使い続けてくれているのか、プロアクティブに問題の発生を捉えて対応し、定着化していく過程をきちんと見届ける必要があります。それぞれのシステムの担当者や、現場で業務にあたるユーザー一人ひとりではなく、会社全体の方針として、「デジタルＵＸ全体を最適化する」「そのためのＰＤＣＡサイクルを回す」というように、意識と仕組みを変えていく必要があります。

2-3 最後の課題は「人」を変えること

システムから人への寄り添い

システムの価値を引き出すためには、人とシステムをアジャストして断絶を解消する必要があります。このときに気をつけなくてはいけないのが、アジャストの対象は業務視点であって、決してシステム視点ではないことです。もちろん、実際にはシステムを扱うことになるので、システムをどうするか、という考えは必要です。しかし、その上で業務としてどうするべきか、という考え方は欠かせません。

これまでは、それぞれのユーザーがそれぞれのシステムの使い方を学んで身につける必要があると考えられていました。そのために導入担当者はマニュアルを整備し、教育を実施していました。システムを使えないのは使い方を覚えないユーザーが悪いと、個人のリテラシーの問題にされていました。

しかし実際のところ、システムを探してたどり着き、複数のシステムを組み合わせながら業務プロセスを進めるときに発生するデジタルフリクションは、個別システムの使い方だけでは解消に不十分です。業務プロセスごとにどのシステムを使い、プロセスの途中でどのように切り替えるのかということはマニュアルを見てもわかりません。ユーザーがシステムに合わせるのではなくシステムの側からユーザーに寄り添い、UI／UXを統一して、ユーザーが迷わないように使い方をガイドしていくような仕掛けを実現することが求められます。

最後の後押しとなるチェンジマネジメント

ただし実はデジタルUXを改善するだけでは、人とシステムの断絶は解消されない可能性があります。システムを利用して業務の進め方を変えることをユーザーが受け入れ、積極的にシステムを使い続けるように変わる必要があります。

言い方を変えると、システムの最適化により新しい価値を創出するために最後に必要なことは、「人が変わること」です。変化には必ず抵抗が伴います。その抵抗をなるべく減らして、人が変化を受け入れ組織に定着するためには、変化を管理する体系的なアプローチである「チェンジマネジメント」が重要になります。具体的には、変化への準備、変化への支援、変化の定着化など、変化のライフサイクル全体にわたる取り組みが必要となります。

DX推進にあたっては、システムを計画通りに導入するためのプロジェクトマネジメントが重視されてきました。しかし、導入したシステムが意図した通りに効果を発揮してビジネスゴールを達成するためのチェンジマネジメントの視点が欠けていました。

人を変化させるためには、まず変化の背景にある課題や、変化によるメリットを明確にして、変化への動機付けを高める必要があります。システムは使いづらい、今までのやり方を変えたくないというユーザーの態度を変えるための第一歩は、UI／UXの改善によってシステムを使いやすいものに変えることです。

UI／UXが統一されていて違和感がない、たいていの疑問は自己解決できる、もしわからないことがあってもワンストップでサポートしてもらえて解決できる、そしてさらに生産性が向上するという体験をすることで、「新しいシステムは怖い、触りたくない」という気持ちが、「新しいシステムも怖くない」という気持ちに変わり、積極的にシステムを使うように行動が変わります。

変化した行動を定着させるためには、継続的なモニタリングが必要です。導入したシステムそれぞれについて定着度を測定することで、意図した通りにユーザーの行動が変

図2-5　チェンジマネジメントにおけるADKARモデル

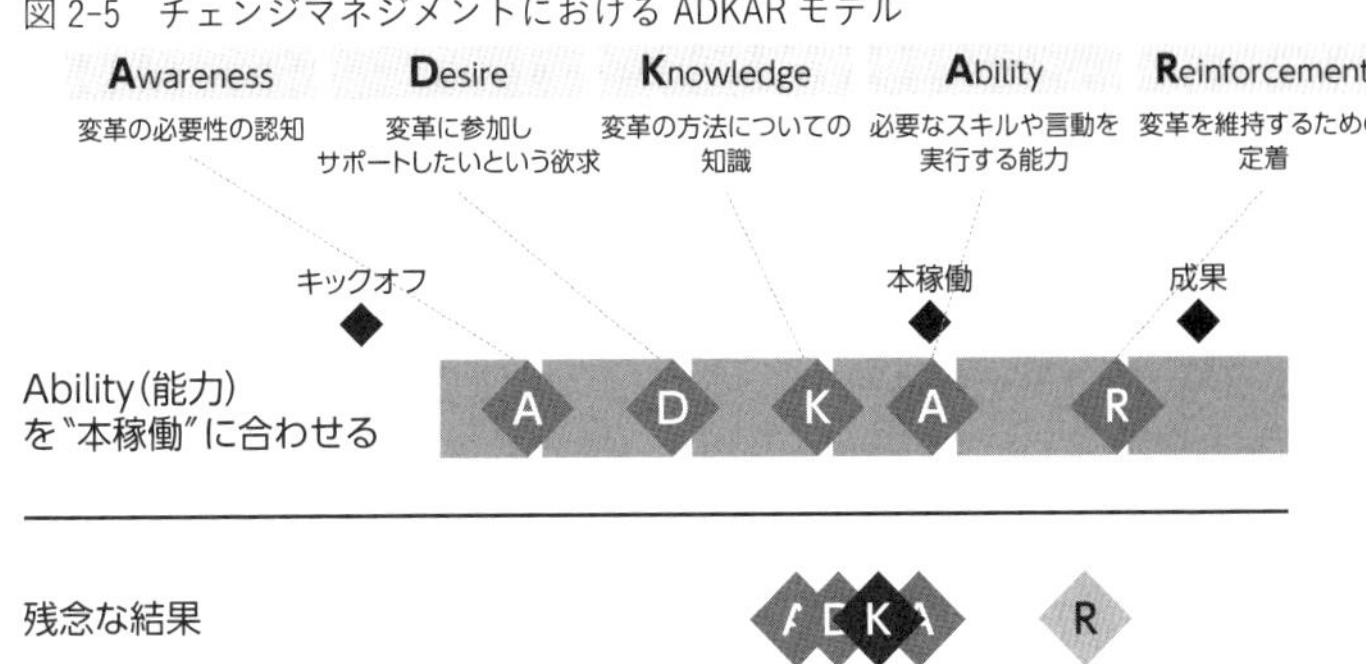

Prosci作成資料を元にWalkMe作成

わっているのかを確認できます。

システムのＵＩ／ＵＸの改善ができていることが、人の気持ちが変わるきっかけとなります。その上で、システムの利用状況を測定し、ＰＤＣＡによる改善を繰り返すことで、人の変化を管理するチェンジマネジメントが可能になります。継続的な改善によるチェンジマネジメントで「人」を変えることによってシステムと人のアジャストが完成し、「新しい価値」を創出することが可能になります。

組織変革のフレームワークとしてよく知られているＡＤＫＡＲモデル（図２－５）にあてはめると、システムと人のアジャストができていない状態の従業員は「変革の必要性は認識している」(Awarenessはある)場合でも、「システムが使えない」(Ability がない)「使えるようになるにはどうすればいいかわからない」(Knowledgeがない)から「今の状態を変えたくない」(Desireがない)状態です。

この状態を変えるためには、システムの導入に合わせて、システムの使い方を自ら見つけて問題を解決できるようにすることです。KnowledgeとAbilityが手に入ることで、システムを積極的に使おうというDesireが強化され、実際にアクションが生まれます。そしてシステムの稼働後は、継続的なモニタリングと改善により定着(Reinforcement)を図ります。この後紹介するＤＡＰは、この一連を強力に支えることで変革を促進します。

2-4 変革のエンジンを動かすソリューション

システムと人をアジャストして「新しい価値」を引き出すためには、膨大な数のシステムと業務プロセスを常時モニタリングして問題を発見し、プロアクティブに改善してユーザーに提供する仕組みが必要です。しかし、限られたリソースで対応する従来のＩＴ・ＤＸ部門では実現が困難です。それを可能にするのが、ＤＡＰ（Digital Adoption Platform）です。

ＤＡＰの定義については次章以降で詳しく紹介しますが、ここではＤＡＰを前提としたときに企業のＤＸがどう変わるかを見ていきます。

ＩＴ・ＤＸ部門の役割が変わる

事業部門におけるＤＸの第一歩は、まず、業務プロセスに対して意図した通りにシステムを利用することです。しかしそもそもユーザーがやりたいことは「システムを利用すること」ではなく「業務プロセスを効率的にタイムリーに実行すること」です。本来、「システムを正しく利用する」ことは、事業部門のユーザーにとって考えなくて済めばそれに越したことはないのです。

事業部門がシステムを意識しなくても業務プロセスを実行できるように、業務プロセスとシステムの関係を整理し、最適化を行う役割を担うのはＩＴ・ＤＸ部門です。これまでのＩＴ・ＤＸ部門は、システムの導入や運用、保守といった技術的な役割を主に担ってきました。ともすれば「導入したシステムが動作しているか」ということだけが関心事となりがちで、システム導入の効果については自分ごとになっていなかったように思います。そのため、いったん導入したシステムに対しては、ユーザーからクレームや要望があるまで対応しない、受け身の姿勢であることがほとんどでした。

しかし、私は、DX成功のためには、IT・DX部門の役割は大きく変わるべきだと強く思っています。

問題があったら対応するというリアクティブなものではなく、むしろプロアクティブに問題を発見し、どんどん改善していく、そういうマインドに変わっていく必要があると考えています。それもシステム視点ではなく業務視点で、DXが成功するためには何が必要かと考え続けるのです。単に利用人数のようなシステム視点でなく、例えば、クリティカルなプロセスは何%の人が実施しているか、必要なデータは何%の人が入力完了しているか、等のようにDXの狙いに対応して目指すべきシステムの使い方を定義し、きちんとそのように使われているか追っていくべきです。

そして、課題が発見されれば、最短で数時間というような短いリードタイムで修正していくのです。

図 2-6　あらゆる部門の DX を支える IT・DX 部門の DX

変革の対象	課題
あらゆる部門のDX	・**デジタルフリクション（摩擦）** ・**チェンジマネジメント欠如** - システム導入プロジェクトマネジメントは存在しても、**人や組織を動かす、変革のチェンジマネジメントが存在しない**
IT・DX部門のDX	・ゴールは、変革の成功ではなく、**システムのローンチになりがち** ・ビジネス環境・戦略・業務等が頻繁に変化する環境において、IT・DX部門はアジリティを持って、事業部門の変革を支える必要があるが、**それを実現するテクノロジーがなかった**

WalkMe作成

これまで、それが難しかったのは事実だと思います。ＩＴ・ＤＸ部門の人数は限られますし、そもそものようなニーズを満たすようなソリューションが存在していませんでした。

しかし、ＤＡＰによってそれが可能となります。

これまで人手で頑張ってきていた、ＩＴ・ＤＸ部門のＤＸ推進活動自体が、ＤＸされることになるのです（図２－６）。

ＤＡＰ導入を主導するのはＣＩＯ／ＣＤＯの役割

システムの最適化によって、デジタル投資のＲＯＩが上がる、ＤＸが加速するという話をこの章の前半でしました。それはデジタルの力で成長して利益を出し、ビジネスに勝つために必要なことです。システムの最適化とは本来、デジタルでビジネスを活性化するミッションを担うCIOやCDOがオーナーとなる経営課題です。DX活動自体をDXするDAPの導入は、課題のオーナーであるCIOやCDOがリーダーシップをとることが本来の姿です。CIO／CDOという役職が無い企業であれば、デジタル投資の責任者、CEOや情報システム部長などが、その役を担うのが妥当でしょう。

DAPによって、デジタルの力を企業間競争における優位性に直結できます。複数のシステムを組み合わせた自社の業務プロセスをデザインすることで、システムそれぞれのポテンシャルを足したよりも大きな効果が期待できます。

さらに、DAPを導入することで、高速にPDCAを回してシステムを改善できるようになります。システムを高速に改善できるということは、業務プロセスの見直しも高速にできるということです。社内の様々な変革プロジェクトを、アジリティを持って、プロアクティブに支えることが可能になるのです。

DAPは変革を促進するプラットフォームなのです。

本来はCIOやCDOがリーダーシップを取るべきとは言いつつも、最初から全社展開は難しいという企業も多いと思います。そんなときは、ＩＴ・ＤＸ部門が起点となって一歩ずつ進めていきましょう。全社のシステムを俯瞰してＤＡＰを導入するという視点はもちつつ、まずは特にユーザーが困っている業務プロセスを対象にＤＡＰを導入してみることから始めることです。実際にＰＤＣＡを回してみると、システムが使われるようになり、ユーザーが喜び、デジタル投資のＲＯＩが上がって経営課題に貢献できていることを実感できるでしょう。その効果を数字で表すことで、ＣＩＯやＣＤＯを説得すれば、全社展開へと進めていくことができるようになります。

CHAPTER

3

DAPによる課題の解決

3-1 DAPという概念の誕生とWalkMeの進化

システムと人の断絶を解消するために「DAP（Digital Adoption Platform）」というソリューションがあるということを紹介しましたが、3章を始めるにあたり、DAPというソリューションのカテゴリーを創出したWalkMe社の歴史を追いながら、DAP誕生に至るまでの経緯を少しお話ししましょう。

母の悩みは汎用的な課題であるという気づき

WalkMe社創業のきっかけは、共同創業者の一人、Rafael Swearyの母親がオンラインバンキングの取引ができなくて困っていたことでした。銀行のウェブサイトを開くことができても、次にどの画面を開けばいいのか、そのためにどこをクリックすればいいのかさっぱりわからず、困り果てた彼女は息子に電話で助けを求めたのです。息子は手元のPCで同じ画面を開き、「最初にこのボタンをクリックすると目的の画面が開く」「画面が開いたら次は画面上の左から2番目の入力ができる部分をクリックして、できました。

口座番号を入力する」という調子で、電話越しに手助けして、取引を完了させることができました。

ところが母親は次の週にもまた同じ操作ができず、息子に電話をかけてきました。Rafaelはそのとき、「多くの年老いた母親も父親も同じ課題に直面しているかもしれない。これはうちの母だけの問題ではなく汎用的な課題で、解決できればビジネスになる」ということに気づいたのです。そのとき考えていたのはＧＰＳのようなものだったそうです。物理世界ではＡ地点からＢ地点に行くのに、ＧＰＳがあればナビに座標を入れることで目的地までの道を示してくれますが、デジタルの世界にはそれがないので作って提供しよう、というのが最初の発想でした。

２０１１年、イスラエルのテルアビブでRafaelと現ＣＥＯのDan Adikaが共同創業者となりＷａｌｋＭｅを創業しました。２０１２年にリリースした最初のプロダクトは、システムの使い方がわからないユーザーに対して、操作方法を教え、迷わずにシステムを使いこなせるように助ける、というシンプルなコンセプトでした。

エンタープライズでも社員は同じ悩みに直面している

創業から約1年後、創業者の一人、Danが渡米しました。彼は米国で様々な人と意見交換したりソリューションを販売したりしているうちに、徐々に自分達のソリューションのインパクトが理解できてきたのだそうです。当初のソリューションはオンラインバンキングのサポートから始まったコンシューマー向けのサービスですが、企業内のシステムについても同様に「どのシステムを使えばいいかわからない」「システムの操作がわからない」という問題で社員が困っていました。社内システムは毎日の業務に使うものですから、使い方がわからないと仕事にならないし、生産性が低下します。これはまさに1章、2章で紹介したデジタルフリクションです。「デジタルフリクションを解消するための、社内向けのナビゲーションは大きなビジネスチャンスになる」と気づき、エンタープライズ向けにサービスの舵を大きく切ったのです。

ナビゲーションツールからプラットフォームへ

プロダクトの転機となったのは２０１７年でした。まず、従来のブラウザ上のウェブシステムに加えて、モバイルアプリとデスクトップアプリを対象に加えました。

加えて、Ｊａｃｏという分析ソリューションの会社を買収しました。これまで提供していた主な機能は、エンドユーザー向けのデジタルフリクションを解消するガイダンスと、管理者向けのシステムのＵＩ／ＵＸデザインを高速に改善できるエディタだったのですが、ＷａｌｋＭｅが対象としているシステムの使われ方を分析して可視化し、課題を発見するInsightsというツールを実装しました。２０１８年には、ＡＩをコアの技術として保有していたDeepUIを買収して、ガイダンスを表示するときに重要になるボタン入力項目などの要素の位置の認識精度を上げました。この時点で、単なるガイドを提供するソリューションではなく、提供後の使われ方を分析し、結果をフィードバックしてさらにガイドを高い精度で改善するというＰＤＣＡが回せるパーツが揃いました。

ＷａｌｋＭｅがこのソリューションをＤＡＰと名付けたのは２０１６年です。名前の候補としては、他にもいくつかあったのですが、プラットフォームという言葉を重視して名付けました。ＷａｌｋＭｅのマーケティング担当者が市場を認知させようと調査会社に働きかけた結果、２０１７年からいくつかの調査会社でＤＡＰという名称が取り上げられるようになり、その後２０１９年にはガートナーやフォレスターなどの大手調査会社のレポートの中にもＤＡＰという言葉が登場するようになりました。カテゴリーが未成熟な間は、ＤＡＳ（Digital Adoption Solution）という言葉がＤＡＰと区別されずに同じような意味で使用されていたのですが、２０２２年にガートナーが「ＤＡＳはＤＡＰ出現当初にあったツール」として明確に二つを区別しました（ＤＡＳとＤＡＰの違いについては後ほどもう少し詳しく説明します）。また、フォレスターとＩＤＣも、市場カテゴリーとしてＤＡＰを定義しました。この頃から、ＷａｌｋＭｅのお客さまへの提案も、個別のシステムにフォーカスするのではなく、ＤＸ戦略の中で投資したシステムの価値を最大限引き出す全社的なプラットフォームとしての位置付けを担うようになってきたように思います。

その後２０２０年にＺｅｓｔを買収してWorkstationという機能を入れました。これはデジタルハブとなるＷｉｎｄｏｗｓとＭａｃ用のネイティブアプリです。社内向けのあらゆるシステムを横断して利用できる検索機能とコミュニケーション機能を提供しており、ＳａａＳ等のブラウザの世界だけでなく、ＰＣを開いた瞬間からユーザーがどのシステムを使うかを意識せず、業務を実行できるように社内のデジタルＵＸ全体まで範囲が広がりました。

２０２３年には、ＷａｌｋＭｅを適用していないシステムも含めて、利用状況を分析

図 3-1　WalkMe の歴史

WalkMeは、ナビゲーションツールの位置付けのDAS（Digital Adoption Solution）として始まったが、エンタープライズ企業のプラットフォームとなるべくDAP（Digital Adoption Platform）と命名しカテゴリーを切り開いてきた

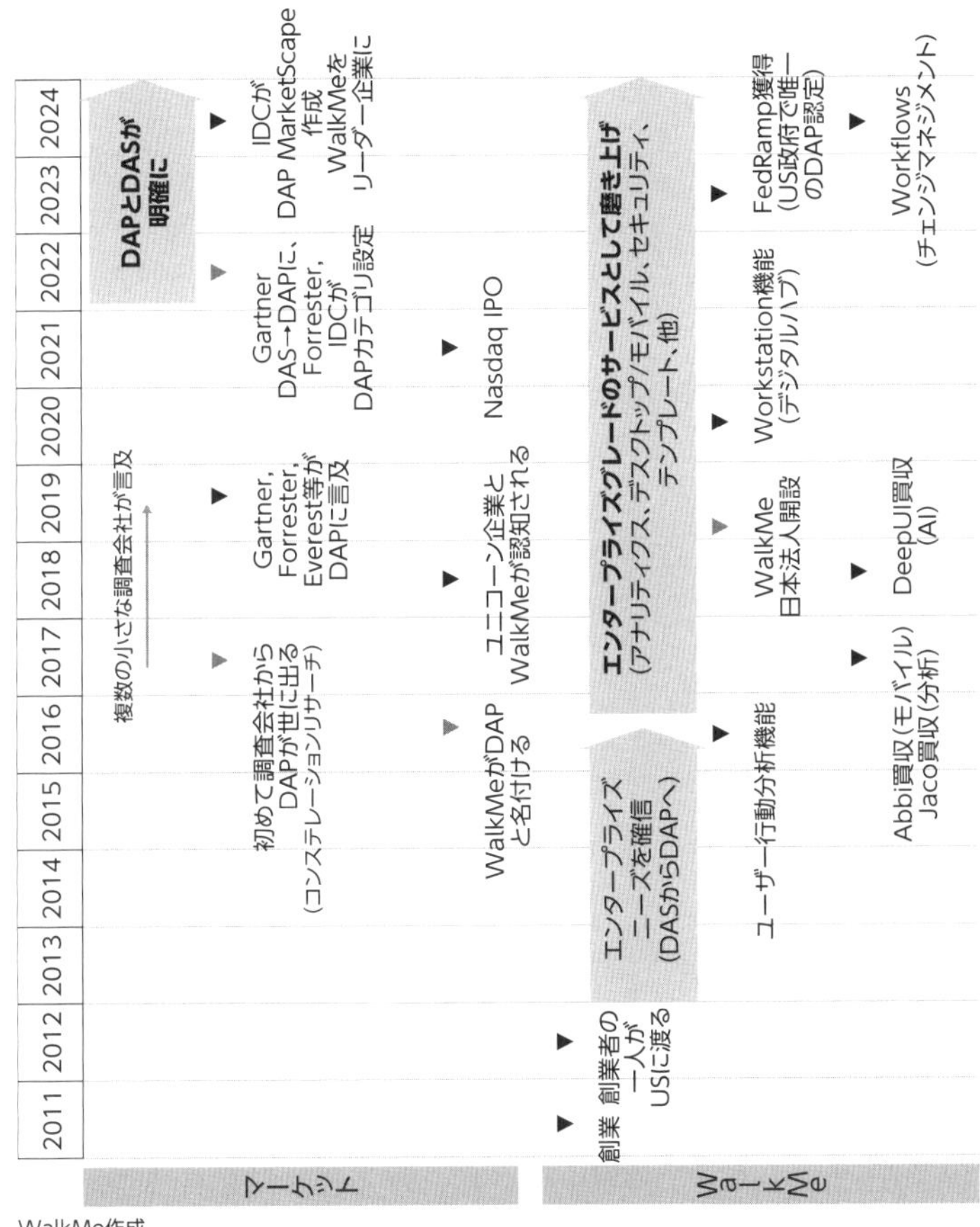

WalkMe作成

図 3-2　IDC MarketScape DAP vendor assessment

WalkMeはDAP(Digital Adoption Platform)市場のリーダーに位置している

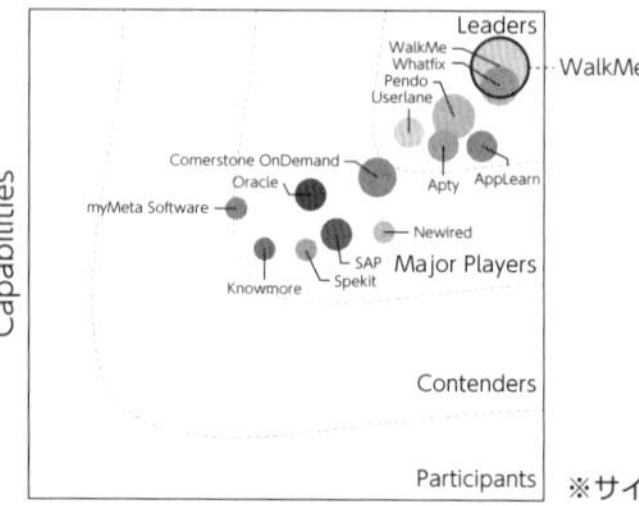

IDC MarketScape: Worldwide Digital Adoption Platforms 2024 Vendor Assessment, 2024 March

し、問題点の可視化ができるDiscoveryという機能を導入しました。これで、社内で使用されているシステムはすべて、ＷａｌｋＭｅの分析対象にできるようになりました。

ＷａｌｋＭｅ誕生からＤＡＰ市場が確立されるまでを年表にまとめたのが、図３－１です。

２０２４年には大手調査会社のＩＤＣがDAP MarketScapeを作成しました。ＷａｌｋＭｅはCapabilities（現在の能力）、Strategies（将来の能力）が共に高く、市場への影響が最も大きいマーケットリーダーであると評価されました（図３－２）。

図３－３は、Ｇ２というユーザーのサー

図3-3　DAPはカテゴリーにおけるユーザー評価

WalkMeはユーザー評価においてもリーダーポジションに位置

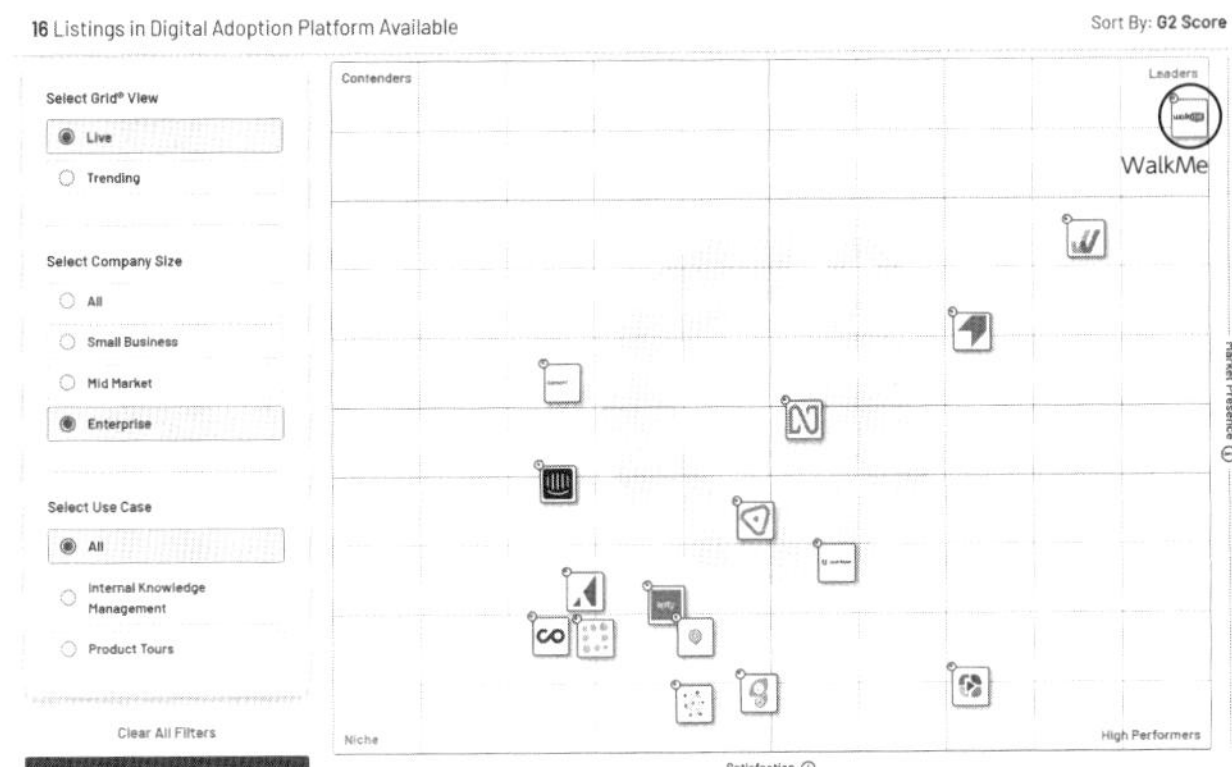

https://www.g2.com/categories/digital-adoption-platform

ビスレビューサイトで「Digital Adoption Platform」に分類されている製品群です。２０２４年５月時点、ＤＡＰという製品カテゴリーでは84の製品がリストされていますが、そのうち大企業向けのソリューションで絞り込むと16製品が残りました。その中でも、ＷａｌｋＭｅは右上に位置しており、市場における存在感と満足度のいずれも高いマーケットリーダーと評価されています。

3-2 DAPの全体像

DAPが解決する課題ともたらす価値

ＤＡＰの利用者側にとっての特徴は、ＰＣを開いた瞬間から始まるデジタルＵＸ全体において、システムではなく業務にフォーカスできることです。利用者にとってのデジタルフリクションをなくし、チェンジマネジメントを実現することで、事業部門はＤＸの成功確率を上げることができます。

その際、ＩＴ・ＤＸ部門は、これまでのようにシステム導入が終われば後は問題が発生したときにリアクティブに対応するのではなく、プロアクティブに変わります。ＤＸの目的に沿った形で期待通りに利用者がシステムを使っているかどうかを確認し、必要であればデジタルフリクションをなくす、チェンジマネジメントを強化するように高速でＰＤＣＡを回していきます。ＤＡＰは、ＩＴ・ＤＸ部門のＤＸ支援活動自体をＤＸ化するものになります。

ＤＡＰが、どのような価値をもたらすのか、もう少し詳細にステークホルダー別に見てみましょう。

①事業部門

◇事業部門の利用者

いまや大企業では473のSaaSが導入されています。そのような環境下にいる利用者は以下のような課題を抱えています。

・システム数が多すぎて、ある業務をしたいときにどのシステムを利用すればいいかわからない
・業務を行うために必要なシステムの使い方がわからない
・複数のシステムを組み合わせる業務プロセスでシステム間のシームレスな連携が困難。余計な入力や転記ミスが発生する

すなわち、利用者は、単にシステムの使い方に迷っているのではなく、「ブラウザだけでなくデジタルUX全体に広がった範囲で」「システムではなく業務を完遂すること

が困難」であるという課題によって、生産性が上がっていない状態にあります。

ＤＡＰは、それぞれを解決します。どのシステムを使えばいいのか迷うことなく、業務を指定するだけでシステムを意識せず処理を始められます。入力が必要なところはＤＡＰが正しい入力ができるようガイドし、複数システム間の切り替えも業務プロセスに沿ってＤＡＰが誘導するので、利用者は業務中心の思考で必要な業務プロセスを完遂できます（図３－４、図３－５）。

もちろん、システム導入当初の使い方を覚える段階で、マニュアルや説明会の代わりとしても使うことができますが、それはユースケースの一部に過ぎません。

実は、ＷａｌｋＭｅ社はお客様がどのようにガイダンスを使っているかについて、ビッグデータ分析しています。その結果、例えば、以下のようなことがわかっています。

・プロセスを一気通貫で案内するステップバイステップのナビゲーション（最初から最後まで「ここをクリックしてください」「ここに入力してください」が連続して発生するようなもの）は使い勝手が悪く、ユーザーはすぐ離脱してしまう

・それよりも、ユーザーは必要に応じたタイミングで途中から利用したいと感じるケー

図 3-4　事業部門の利用者にとっての価値（1/2）

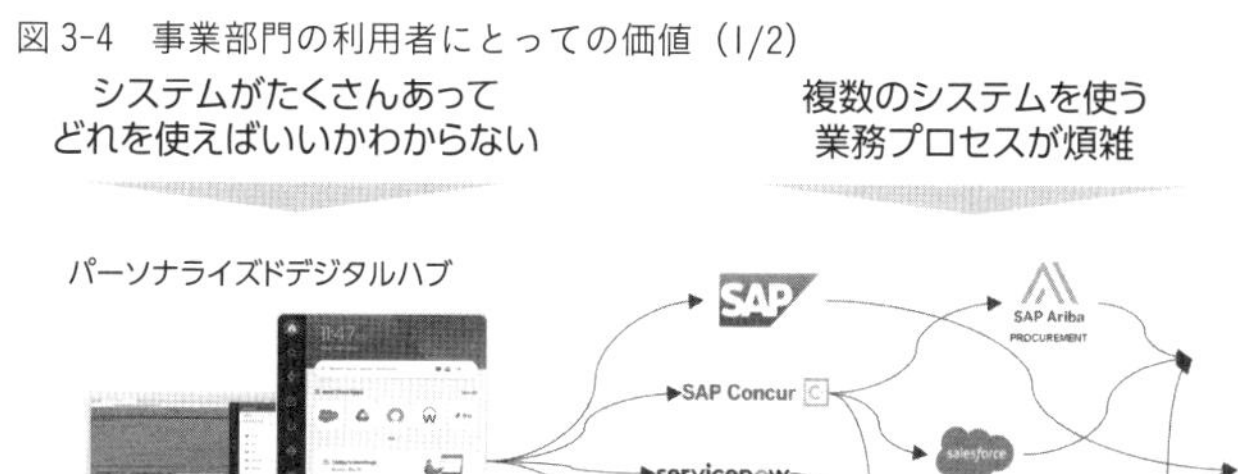

WalkMe作成

図 3-5　事業部門の利用者にとっての価値（2/2）

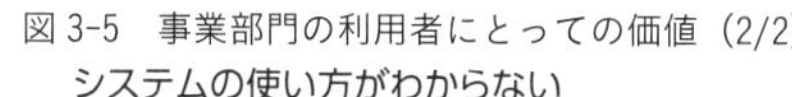

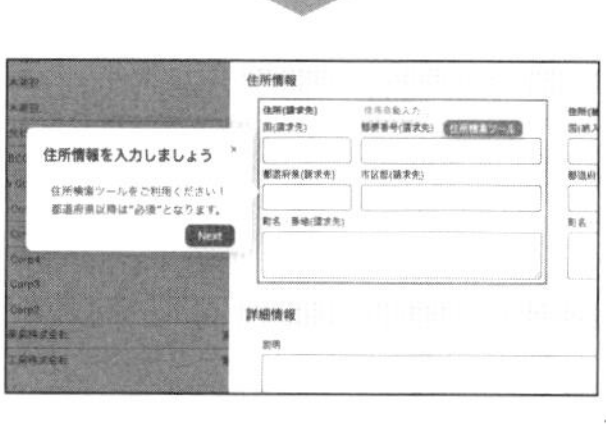

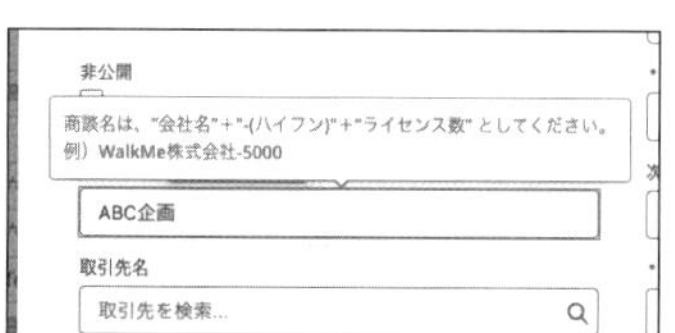

正しい操作を案内

操作・入力ミス防止

迷いやストレスのないシステム操作

WalkMe作成

スが多く、自然に支援されるような仕掛けを実装する必要がある

・さらに言うと、どのようなユーザーかを認識した上で、適切な操作を自動化する手法が有用である

・また、伝統的なステップバイステップのナビゲーションよりも、対話型のボットの利用が年々増えている

これらはほんの一部分に過ぎませんが、そうした分析の積み重ねから、利用者のタイプ別にどのような対応が望ましいかが経験的にわかっています。そちらも少し挙げてみましょう。

・スタボーン・ユーザー（頑固なユーザー）

最も多い層です。行き詰ったとしても自らヘルプ情報を検索することはしません。積極的な介入を受けた場合にのみ反応します。

そのため、各ユーザーに応じて適切な内容で、必要なタイミングで自動的に起動するようなガイドを設定しておく必要があります。また、システムまで遷移する段階でも積

極的に介入して、アクションを促す必要があります。会社側からPC画面上にポップアップを出すなどして、ある程度の強制力をもって業務開始まで誘導することが有効です。

・オンデマンド・ユーザー

2番目に多い層です。ガイドが好きではなく煩わしいと思っているので、積極的な支援を必要としていません。行き詰った場合のみヘルプ情報を求めます。そのため、どの画面からも、困ったときに助けを求められるようにしておく必要があります。

・モダン・ユーザー

3番目に多い層です。テクノロジーについて自ら学ぶ必要性を感じていません。テクノロジーが彼らのために働くことを期待しており、むしろ自動化を積極的に期待しています。このタイプは、自動化できないと理解しているポイントのみを、自分が実施しなければいけないと切り分けて考えています。

・パワー・ユーザー

最も少数です。このタイプは積極的に支援を受け入れます。自らマニュアルを読み、操作内容を把握しタスクをこなします。そのため、最初のＴｏＤｏリスト等を用意すれば自律的に使い出してくれます。

よくある誤解の一つとして、「ＤＡＰはシステム導入の際にマニュアルや説明会の代わりにあってもいいけど、それが終わったら不要なもの」というものがあります。しかし、ユーザータイプの分析を見てもわかる通り、ユーザーに応じた自動化がとても有効です。

その他のユーザーの分け方としては、例えば、米国・日本等の地域、部門、役職、過去にＡというガイドを使ったことがある人など、様々な基準でグループを識別し、それらのグループ別に適切に自動化されたガイダンスを提供することで、むしろ日常の普段使いでのＤＡＰの効果は非常に大きくなります。

その他、人の入れ替わりの激しい部門などでは、入社後の立ち上がり時期以外にも、定着のために日常業務を軽減するという意味でも利用していただくことが多いです。

◇事業部門のマネジメント

事業部門のマネジメントは、ユーザーとは異なる課題を抱えています。DX推進によって各事業部門で目指すことの一つの例は、データドリブンでタイムリーな意思決定とアジャイルな対応ではないでしょうか。変革は他にも色々あるかと思いますが、これを例にとって考えてみると、多くの事業部門のマネジメントにとっては次のようなことを課題と感じるのではないかと思います。

・変革を掲げたものの、変革の意図が現場メンバーに伝わらず、そもそもやる気になってもらえない
・実際に現場メンバーに動いてほしいタイミングで、やり方がわからない／やる気はあるが間違ったアクションが発生してしまい、意図通り動いてもらえない
・結果として、変革を通してデータを収集しデータドリブンな意思決定を行えるビジネスの基盤を手に入れたい、という意図が達成できない

ＤＡＰを導入してメンバーが業務中心の考え方でシステムを使えるようになると、こ

うした課題を解決できます。まず、先述のように、必要なシステムをメンバーが使えるようになることで、「業務を実行するためのシステムが使えない」という状況はクリアできます。

一方で、変革を成し遂げるためには、システムの操作が行えるだけではなく、現場の意識や行動を変える必要があります。現場のメンバーに適切なタイミングでアクションをするようにＤＡＰで誘導することが可能になります。例えば、営業部長が営業改革を行いたいと考え、Salesforceの考え方に従って、各案件ごとのセールスステージをきちんと定義し、売上予測の精度を上げたいと思ったとします。その場合、現場の方にとっては、なじみのない考え方となじみのないシステムを覚え、実際の行動を変えていく必要があります。頭ではやろうと思っても、何をすればいいかわからないという状況は容易に想像できます。ＤＡＰは、現場の方がわかりやすいように、今何をすべきかの相談にのり、適切なシステム操作を支援します。このときも、新しい取引先ができたから登録したい、取引先で商談を作ったから登録したい、というように、業務視点でのやりたいことベースで進めることが可能となります（図３－６）。

他にも、営業担当者がお客様と初回コンタクトの際に必ず使用させたい資料があるな

図 3-6　事業部門のマネジメントにとっての価値

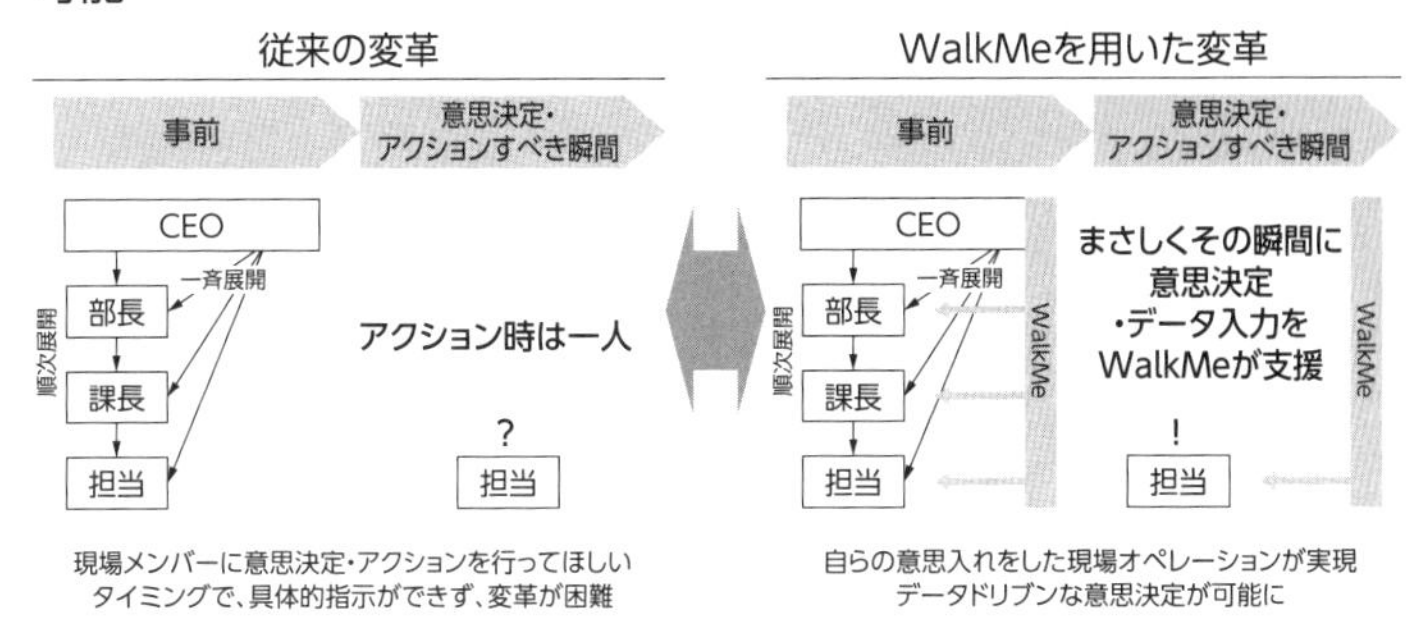

WalkMe作成

ら、Salesforceに初回訪問予定を入力したときに当該資料を表示して使用を促します。あるいは、競合他社が出てきた際には、Salesforceに競合他社情報を登録すると、対策に必要な情報とアクションアイテムが表示されるようにすれば、タイムリーに対応を指示したのと同じことになります。また、営業担当者のPCにポップアップを出してレポート入力等のアクションを促すことも可能です。DAPによって次の行動を促すことで、部門のメンバーの行動を変え、マネジメントが狙った通りのオペレーションが根付いていきます。

もう一つ、データドリブン人事を例に挙

げましょう。近年、企業としてのパフォーマンスを最大化するための最適な配置転換や、従業員にとってのキャリア開発のために、社内の従業員のスキルを棚卸しして管理したいという企業が増えています。この際の課題の一つは、人事システムに、その情報をなかなか従業員が入力してくれない、というものです。一般的に人事システムは年に数回しか使わないものですから、そもそも使い方がわからない上に、多くの情報の入力が必要となるので複雑な操作が要求されることもよくあります。また、この場合は「人事システムに入って入力しよう」という意思を持ち、実際にシステムまで到達するというところにも大きなフリクションがあります。その場合、期限が近くなるとポップアップをPCに出して、それをクリックしてもらうだけで、ブラウザを立ち上げそのシステムに誘導することができます。その上で、システムに必要な情報を漏れなく入力するようガイドしたり、入力ミスをチェックするだけでなく、入力された情報によって追加で必要となる情報の入力を促すといったことをDAPで実現できます。結果として、マネジメントはデータドリブンな意思決定が可能となり、DXの成功へと近づきます。

図3-7　ーシステム担当にとっての価値

マニュアル作成・説明会が大変
(あまり効果もない……)

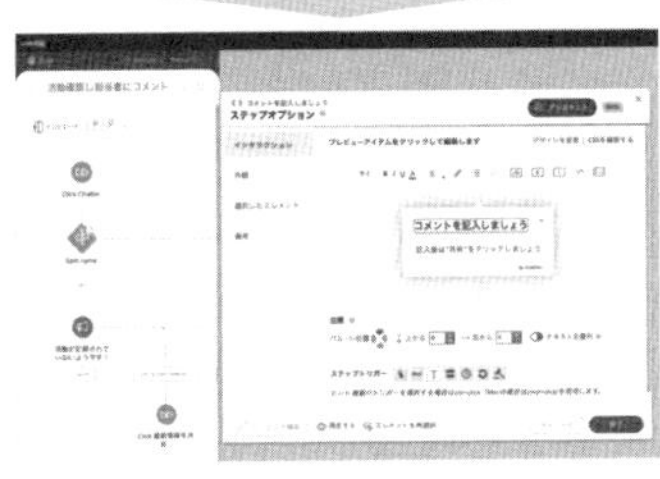

マニュアルレス
説明会レス

ユーザーからの
問い合わせ対応が大変

問い合わせ削減

WalkMe作成

②ＩＴ・ＤＸ部門

◇ＩＴ・ＤＸ部門の担当者

ここでは、ＩＴ・ＤＸ部門の担当者としていますが、各事業部門におけるシステム担当の方も同じ観点でのメリットを享受可能です。まず、課題としては次のようなものがあります。

・説明会が大変。講師や内容を決め準備しなくてはならない。講師と利用するユーザーを集めることで双方にとって時間がとられる。しかし、説明会終了1週間後にはほぼ忘れられている。

・マニュアルの作成が大変。一連の処理の順にシステムのスクリーンショットを取りながら、どのボタンを押すか、どの項目にどのような内容を入力するか等の説明を加えていくので工数がかかる。しかし、実際にはマニュアルを探さず使われないことも多い。

・マニュアルや説明会が有効でないため、ユーザーから問い合わせが発生し、その対応に時間がかかる。間違ったデータの訂正なども発生する。

・以上のような課題は、システム単体に加えて、複数システムを跨る業務プロセス単位で考えなくてはいけない場合がある。

いずれも大変ですが、これがグローバル展開等の大規模なものになると気が遠くなります。

こうしたことをDAPにて置き換えることができます。

DAPにより、ユーザーが利用するタイムリーに必要なガイダンスが出現するため、ユーザーは操作に迷うことが少なくなり、問い合わせを抑えることが可能です。また、もし問い合わせが来たら即座にガイダンスを追加し、それ以降の問い合わせを抑えられます。同時に、データ入力に関してもミスを抑えることができるので、ミスに伴う問い合わせ対応や差し戻し処理等の件数も大幅に削減することが可能です（図3－7）。

問い合わせ件数に関してDAP適用前と後を比べて効果を見てみると、もちろんケースによりますが70～80％程度減少するという結果は数多く出ています。

◇IT・DX部門のミドルマネジメント

IT・DX部門のミドルマネジメントは、「業務部門の変革を支援する」という役割において、次のような課題があります。

・社内に1900もあると言われる業務プロセスの、それぞれ独立した思想をもって作られたシステムを組み合わせて実行するための導線を、ユーザーに理解してもらうのが難しい

・473も導入されているSaaSの半分しかアクティブに使われていないのはなぜか、システムのどこかに問題があるのか、あるいは業務プロセスに問題があるのかを把握するのが難しい

・問題が発見できたとしても、問題を解決するためには外部ベンダーに依頼して改修を行う以外のソリューションがない

・一度で問題を完璧に解決することができないため、改善を繰り返さなければならず、また、常に変化するビジネスやシステムに迅速に対応して、短い時間でＰＤＣＡサイクルを回すのが難しい

ＤＡＰは、これらの課題を解決します。利用者のデジタルハブを起点として、複数のＳａａＳやデスクトップやモバイルも含め、デジタルＵＸ全体をカバーします。システム単位ではなく、業務を起点としたワークフローを提供し、統一されたＵＩ／ＵＸの背後で複数のシステムが切り替わりながら役割をこなす実装を可能にします。

図３－８にＤＡＰによるアダプションレイヤーというものがあります。ＤＡＰは、多数のシステムの上に横たわり、特にＵＸ部分を担うことでデジタルフリクション解消やチェンジマネジメントを行おうというものです。ＳａａＳとＤＡＰで戦略的に役割分担を行うことが、最近のトレンドの一つであるFit to Standardにつながります。具体的には、データ定義やロジック部分はＳａａＳのカスタマイズで吸収し、ＵＸや正しいデー

図3-8　IT・DX部門のミドルマネジメントにとっての価値

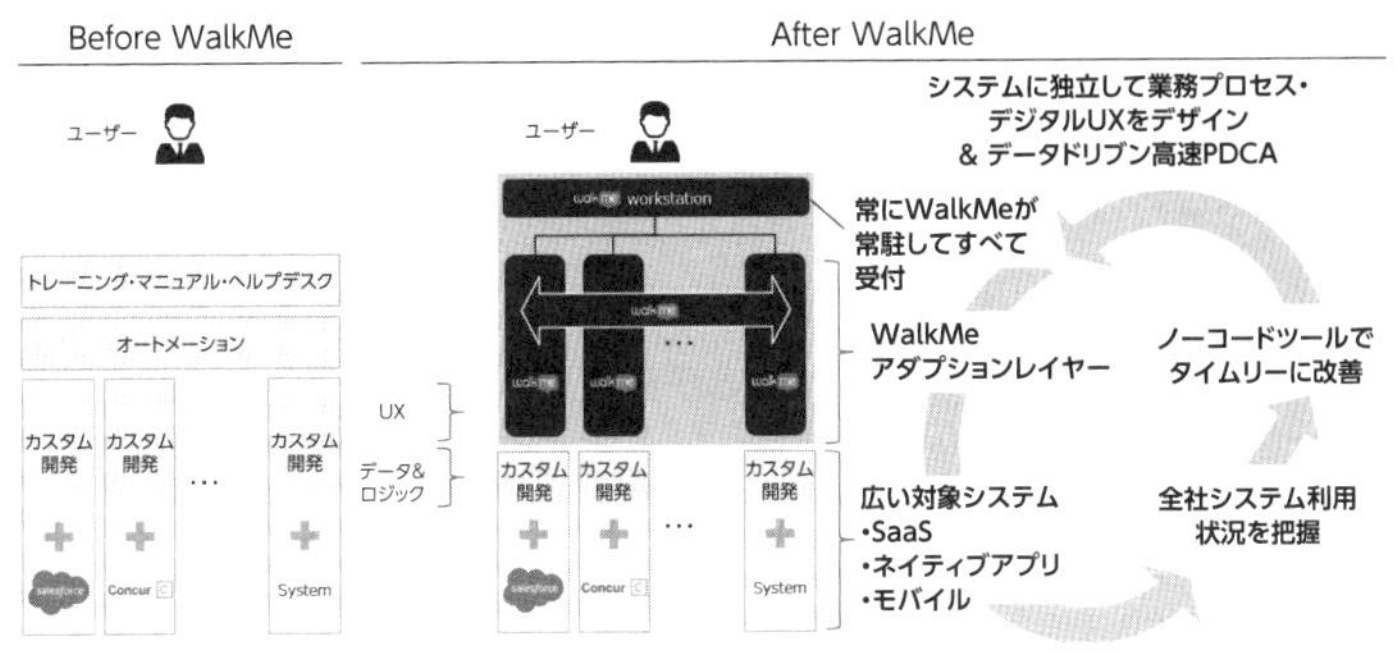

WalkMe作成

タ入力を担保する部分についてはＤＡＰに任せるのです。データに関してはあえてこのように分けたほうが、意思決定に必要なデータを取得する仕組みと、その仕組みの上でデータをスムーズかつ正確に入力する仕組みが明確になり、データドリブンな意思決定の土台を実現できます。

　このようなアーキテクチャを採用することで、利用者にシステムを意識させないような業務プロセスを自社に合わせてデザインできるようになります。またＵＩ／ＵＸと、データとロジックを分離して前者をＤＡＰが担当することで、ノーコードツールが扱える自社の従業員によって、最短で数時間のリードタイムで修正することができるようになります。

事業部門の変革を支援するという立場で見たときに必要になるのが、システムではなく業務観点でPDCAサイクルを回せる仕組みです。DAPは全社のシステムの利用状況の把握と分析、問題点の発見と改善策の実装の機能をワンストップで提供します。まず、グローバルな知見を活かした主要業務別のテンプレートを参照しながら、自社に合わせたUXのデザインやKPIを設定できます。

例えば、二つのシステムを跨ぐあるプロセス完了者の割合や、重要な項目の入力完了率といったKPIを定義してモニタリングすることで、問題の迅速な把握が可能になります。さらに、テンプレートを利用してガイダンスを構築することで、短時間で新しい業務プロセスを支援できます。展開したガイダンスの利用状況をモニタリングして、想定通りに利用されていない点があれば原因を把握し、改善を実行します。これまでは「導入したシステムが動いているか」という視点で行われていたシステム管理を、「導入システムによって狙った効果が出ているかどうか」という視点でのシステム管理に変えるのです。

もしかしたら、今利用しているツールにも同じようなものがあるな、と思われる方もいるかもしれませんが、それは間違いです。2024年の現時点では、ユーザーに対するデジタルフリクション解消とチェンジマネジメントを目的として、かつ管理者側のデジタルフリクションをなくすようにワンストップで提供しているものはありません。

それぞれの機能、例えば、全社システムのアセスメントでは他のツールもあるでしょう。しかし、そのツールでは、各システムのユーザー数はわかったとしても、どの画面でユーザーが困っていて、さらにどの入力項目で時間がかかっている、エラーが発生しやすい、ということはわかりません。

また、もし仮にそれを満たすツールを作ったとしても、そこからシームレスに次のアクションにつなげられるように管理者の導線がきちんとつながっていることが必要です。

例えば、Google Analyticsを使ったり、アクセスログをエクスポートしてBIツールで分析して、その結果を見た上で、問題がある箇所に手を打つためにガイダンスを作る。その結果をまた確認して、というPDCAを回すことは論理的には可能です。しかし、この苦行を本当に現実的に継続できるでしょうか？

これは完全に管理者の方々にとってのデジタルフリクションです。DAPは、エンドユーザーのデジタルフリクション解消・チェンジマネジメントを目的として、管理者の方々のデジタルフリクションを解消するものになります。

熱意のあるＩＴ担当者は、これまでデジタルフリクションを強烈に感じながらも人手で行っていたと思いますが、そろそろＩＴ・ＤＸ部門のＤＸ支援活動自体もＤＸしても良いのではないでしょうか。

ＤＡＰによってＩＴ・ＤＸ部門は大きな影響を受けます。ＤＸ成功の鍵となるデジタルフリクションの解消とチェンジマネジメントという課題に最前線で向き合うのはＩＴ・ＤＸ部門ですが、ＤＡＰ以前はそれを可能にするツールがありませんでした。ＤＡＰというツールが登場したことで、デジタルフリクションを解消するデジタルＵＸ設計と、ビジネスゴールの達成まで支援するチェンジマネジメントにＩＴ・ＤＸ部門がプロアクティブにかかわれるようになります。

◇ＣＩＯ／ＣＤＯにとっての価値

ＣＩＯやＣＤＯのミッションは、デジタルの力で競争優位性を確保することであり、デジタル投資のＲＯＩを最大化することです。そのために、社内におけるデジタルによ

図 3-9　IT・DX 部門のマネジメント（CIO/CDO）にとっての価値

プロアクティブなIT・DX部門の実現、ひいてはデジタル投資ROI最大化、企業間競争力の獲得を実現できる

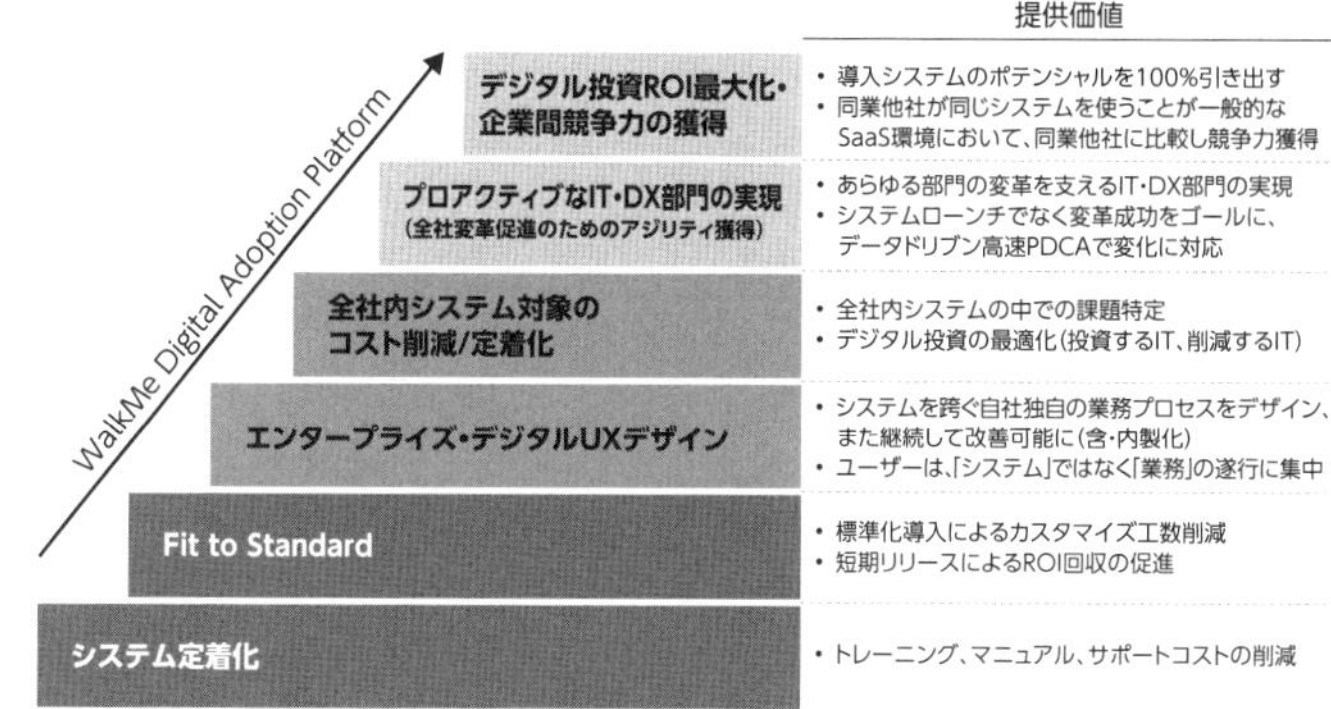

WalkMe作成

る変革をアジリティをもってプロアクティブに支えるIT・DX部門を実現することが求められます。

ところで、WalkMeでは、DAPが提供する価値のレベルを6段階で整理しています（図3－9）。

一番最初のステップは、「システムの定着化」で、導入したそれぞれのシステムが、マニュアルやトレーニングがなくても使えるようになる、という段階。次のFit to Standardは、すでに標準化されているSaaSをなるべくカスタマイズを減らしてそのまま使えるようにしていくという段階。三つ目のステップは、社内で使われるすべてのシステムを含むデジタルUXのデ

ザイン。四つ目は、組織全体でシステムがどのように使われているかを把握して、削減していいコストともっと費用をかけて改善していくポイントを識別していきます。

これらの実現によって、ＩＴ・ＤＸ部門は社内の各部門での課題を特定し、プロアクティブにＰＤＣＡを回して変革を支援できるように変わります。その結果、導入したシステムのポテンシャルを１００％引き出し、最終的にデジタル投資のＲＯＩを最大化し、同じＳａａＳを使っている同業他社以上の競争優位性を獲得することができます。

プラットフォームは何かを実行するための基盤です。もちろんこのプラットフォームを構築するという目的もありえますが、どちらかというと、その上で実行する取り組みが存在することが一般的でしょう。

ＲＯＩ最大化・競争力獲得などの最上段の目的を達成するために、ＣＩＯ／ＣＤＯが抱える取り組みテーマは多岐にわたると思います。いくつかの例でＤＡＰがどのように役に立つかを示してみます。

・Fit to Standard

ＤＡＰがＵＸ部分を担当することで、もともとのシステムのカスタマイズ領域を最小化します。それにより、ＳａａＳの場合は、バージョンアップ等で新規に提供される機能がそのまま享受できることにもつながります。これまでは、カスタマイズを行わない場合はユーザーにとっての使い勝手が非常に悪く使用に耐えられなかったものが、DAPによりユーザーに受け入れられるUI／UXとFit to Standardの両立が可能となります。

・データドリブン経営

DAPはこれまで困難であった現場メンバーへのタイムリーなデータ入力徹底を促すことができます。またその際、間違いがない適切なデータの入力を支援します。それにより、経営層には正しいデータがタイムリーに報告され、データドリブンな意思決定が可能となります。

・コンプライアンス強化

DAPを通じて、社内ポリシーや規制への準拠に伴う業務プロセスを徹底できます。コンプライアンスを守れないような抜け道を塞ぎ、プロセスにおけるデータ入力も監視することで、コンプライアンス違反を未然に防げます。監査対応の効率化にもつながります。

・グローバルロールアウト

ＤＡＰによりグローバルロールアウトに伴う説明会・マニュアル作成などを大幅に削減し、ユーザーの立ち上がりをサポートすることで展開のコスト削減を図れます。全世界に対して標準化を図りつつ、ＵＩ／ＵＸをローカルな事情に合わせて柔軟にカスタマイズし、表示や指示内容の出し分けを適切に行うことで、グローバルでのシステム活用をスムーズに進められます。

・コア業務への傾注と競争力強化

ＤＡＰにより業務プロセスの可視化と最適化が可能になることで、従業員の生産性が向上しコスト削減につながります。また、定型業務が自動化されることにより、社員がより創造的な業務に集中できるようになります。競合他社の多くが同じＳａａＳを導入している状況でも、その価値を最大限引き出すことで、競争優位を実現できます。

・顧客体験・満足度向上

ＤＡＰを通じて社員のデジタルスキル向上を実現し、顧客対応の質的向上につながられます。また、顧客とのタッチポイント（ウェブサイト等）を使いやすく改善することで顧客が使い方に迷わないサービスを提供でき、かつビジネス的に誘導すべき導線を強調したり新規に作ることができます。結果、顧客満足度の向上につながります。

・ＩＴガバナンス強化

様々な部門がこれまで自由に利用している全社に散らばるシステムを一括監視・管理することができます。例えば、使用を禁止したい生成ＡＩツールを勝手に利用していることがわかった場合、即座に強制的に止めることが可能です。シャドウＩＴ・シャドウＡＩの停止、全体的なＩＴコスト削減などにつながる管理が実現できます。

・ＩＴ・ＤＸ部門の変革

あらゆる部門のＤＸの目的に即したＫＰＩ管理及び改善の打ち手を提供し、高速ＰＤＣＡを回すためのソリューションはこれまでありませんでした。ＤＡＰはこれらを提供します。それにより、プロアクティブにＤＸを支援する強いＩＴ・ＤＸ部門が実現できます。

・全社員のデジタル人材化

ＤＡＰによって、社員の習熟度に合わせてガイドを提供することで、組織変革に伴う混乱を最小限に抑えることができます。デジタルに対するアレルギーをなくし、むしろポジティブにデジタルをどう使うかというマインドに変化させ、あらゆるシーンにおいて全社員がデジタルを積極的に活用します。

表 3-1　DAP と比較されがちなツール

プロダクトツアーツール	ポップアップ等でユーザーに画面上の要素や使い方を教えることが可能
ソフトウェアに付属しているガイド	プロダクトツアーツールと近いが、SAP や Salesforce 等の個別のシステムにもともと存在するもの
プロダクト・エクスペリエンス・ツール	自社のサービスに組み込むことで分析を行いユーザーからのフィードバックを開発者に伝える。簡易なガイダンスが可能
ラーニング・マネジメント・システム	ユーザーが学習するために学習コンテンツを管理するシステム
デジタルアダプション・ソリューション（DAS）	プロダクトツアーツールと同様に、ポップアップ等でユーザーに画面上の要素や使い方を教えることが可能 また、簡易な分析機能を備えることもある
デジタルアダプション・プラットフォーム（DAP）	データ分析、クロスアプリの業務フローの最適化、文脈にそったガイダンス等、社内のデジタル体験全体を改善するためのプラットフォーム

WalkMe 作成

他にも、ＤＸ効果測定、属人性の排除、経営基盤のグローバル標準化、デジタル人材育成、サイロ化解消、ＣｏＥ組織など、様々なテーマに貢献可能です。

ＤＡＰと近しいソリューションとの違い

ところで、きちんとした定義が知られないままＤＡＰという言葉がこれまで独り歩きしていることもあり、日本国内では共通認識が実は固まっていないように思います。

ここでは、近しいソリューションをあげて、ＤＡＰとの違いを見ていきましょう。

ＤＡＰに近い概念のものとしては、表３−１のようなものがあります。

特に、ＤＡＳ（Digital Adoption Solution）

とDAPは言葉がよく似ていますし、DAPが世に出た2017年～2018年頃には表記が揺れていたこともあります。しかし2024年時点では、ガートナーは「DASはDAP出現当初にあったツール」と定義し、明確に別の概念として位置付けています。WalkMeの進化を語った際にも説明したように、DAPの原点であるDASは、以下のような課題を解決するために誕生しました。

・事業部門の利用者にとっては、「システムの使い方がわからない」、「入力ミスのせいでやり直しが多い」
・IT・DX部門の担当者にとっては、「マニュアルや説明会の準備が大変」、「せっかく準備したのに利用者に見てもらえず結局問い合わせ対応が大変」

これを解決するために、DASは、利用者がシステムの操作に迷わないように吹き出しや説明を画面の上にオーバーレイして表示します。これにより利用者が迷うことがなくなり、記入ミスが減って差し戻し処理が減るので生産性が上がります。管理者は、マニュアルの作成や説明が不要になり入力ミス対応や問い合わせ対応も減るので管理工数

図 3-10　DAP と DAS の関係

歴史的にDAP(Digital　Adoption　Platform)の原点はDAS(Digital Adoption Solution)。
DAPは“システム”ではなく“業務”に着目し、デジタルUX全体の高速PDCAを可能とするプラットフォーム

DAP (Digital Adoption Platform)
⇒誰もが、システムを意識することなく「業務」を遂行できる

システムを使えるのはあたりまえ……

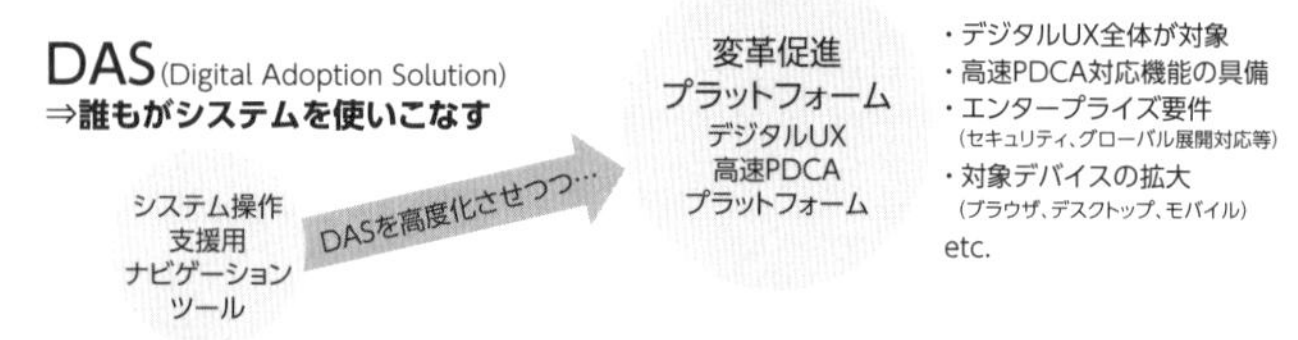

DAPの原点@2011　　　最新のDAP@2017～

WalkMe作成

図 3-11　DAP と DAS のもたらす価値の違い

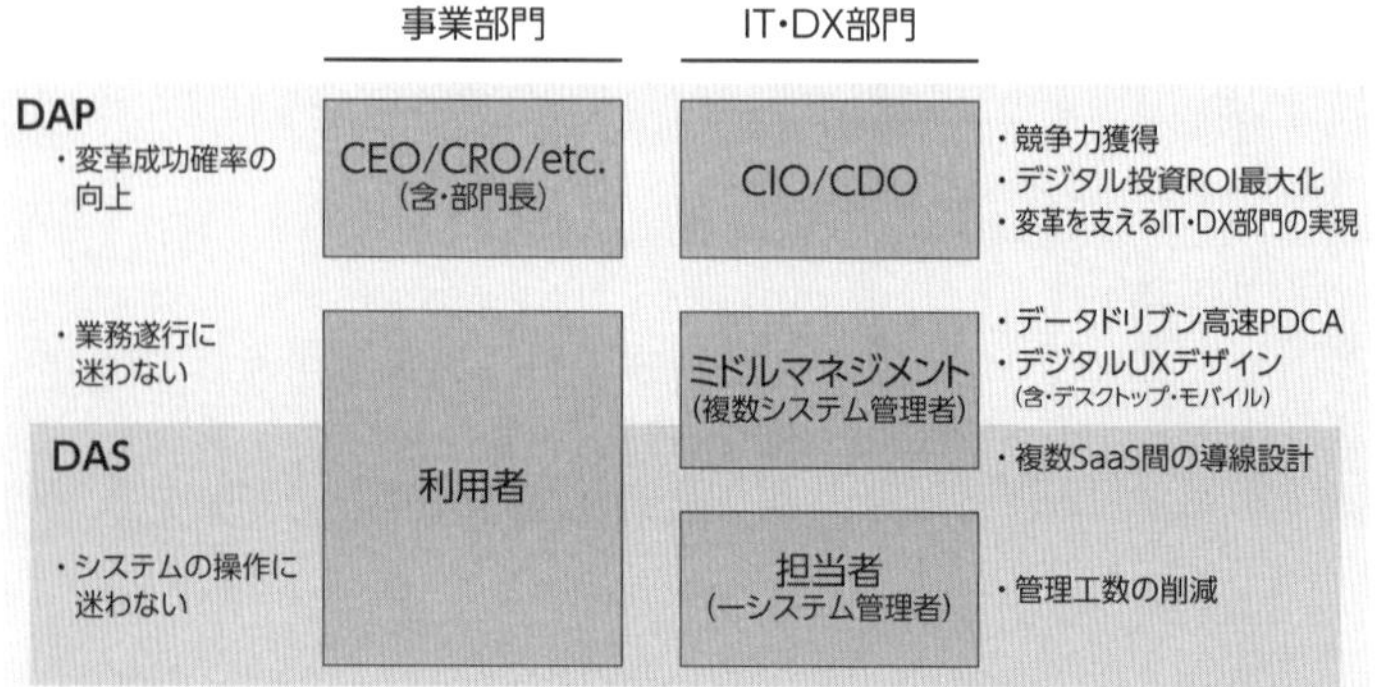

WalkMe作成

が下がります。

時々、DAPは「マニュアルや説明会無しでシステムを導入するためのツール」と認識されている方がいらっしゃいますが、この定義にあてはめるとそれはDASに相当することがわかります。

事業部門の現場ユーザーや情報システム部門の担当者にとっての課題である、システム操作についての課題を解決するためには、DASも有用です。しかし、CIOやCDOがデジタルで競争力を獲得する、デジタル投資のROIを最大化する、変革を推進するIT・DX部門を実現する等の目的のために必要なのは、DASではなくDAPになります（図3－10、図3－11）。

DASとDAPの機能的な大きな違いは次の3点です（図3－12）。

・DAPは、ユーザーがPCを開いた瞬間からのデジタルUX全体をカバーし、DASはSaaS等ブラウザ上で操作するシステムのみを対象とする
・DASは、アナリティクス機能が欠けていたり、シームレスに改善につなげる導線が欠けているため、高速PDCAを回すことが困難

図 3-12　DAS 比較視点での DAP の特徴

UXのカバー範囲	SaaSの動くブラウザ上だけでなく、ユーザーが**PCを開いた瞬間**からのデジタルUX • Windows/Mac上で動作するUXの起点となるデジタルハブ • 能動・受動コミュニケーション（管理者側からプッシュ通知し、アクションを誘導可能）
高速PDCA	課題を発見する**アナリティクス機能（DAP適用済・未適用システムを問わず）** アナリティクス機能から**エクスペリエンス追加・改善のシームレスな改善導線**
エンタープライズ要件	全社プラットフォームとして必要な多数の要件 • 例）SLA対応 • 例）セキュリティ（SSO/MFA対応、ハッシュ化、アクティビティログ、等） • 例）チーム管理機能（複数開発環境、ロール定義、ロールバック機能、等）

WalkMe作成

・DAPは、大企業のプラットフォームとして必要なエンタープライズ要件（セキュリティ、バージョン管理、障害対応体制等）を満たしている

PCを開いた瞬間から、というUXのカバー範囲や、アナリティクス機能による高速PDCAの可否は、非常にわかりやすいと思いますが、エンタープライズ要件は少しわかりにくいかもしれません。

エンタープライズ要件は、大企業にとってはクリティカルなものとなります。わかりやすく「たとえ」で説明すると、Microsoft Windowsの「Home Edition」と「Professional Edition」のような違いです。もちろ

表3-2　エンタープライズ要件

分類	内容
(1)Product Assortment（機能のバリエーション）	モジュール等の形で多様な機能を幅広くラインナップとして取り揃えているか
(2)Single Sign On（シングルサインオン）	SAML認証への対応などで、利用状況の管理や大量のアカウント管理ができるか
(3)Audit Logs（監査ログ）	誰が利用したのか、いつ利用したのか、どのような変更を行ったのか、どのデータを閲覧・ダウンロードしたのかなどの行動ログを有事に備えて確認できるか
(4)Role Based Access Control（アクセス権限の設定）	情報の閲覧や編集などのアクセス権限の細かい設定を役職や部門、チーム、個人など、様々な単位でできるか
(5)Change Management（アップデート管理）	アップデートに関し、早いタイミングで事前に内容・タイミングを伝えているか
(6)Product Security（セキュリティ）	暗号化などデータのセキュリティ、DDoS対策などのネットワークセキュリティ、オフィスやデータセンターの環境など物理的なセキュリティ、BCP対策がとられているか
(7)Deployment Option（デプロイメント）	複数存在しうる環境のパターンに対し対応しているか
(8)Team Management（チーム管理）	個人単位でのアカウント発行を前提として、チームの設定、チームでの共同作業や管理のための機能を用意しているか
(9)Integrations（インテグレーション）	既存のITサービスと連携が容易か
(10)Reporting & Analytics（レポート作成と分析）	集計・分析の需要を満たすレポート作成機能や、自動でレポートをチャットやメールで配信する機能があるか
(11)SLA and Support（SLAとサポート）	稼働時間と応答時間などのService Level Agreementを用意しているか
(12)GDPR（GDPR対応）	主にグローバル企業に対してGDPRへの対応を行っているか

EnterpriseReadyを参考にWalkMe作成
(https://www.enterpriseready.io/blog/saas-feature-table/)

ん「Home Edition」でも、エンドユーザーにとってはDAPのシステムの操作性の向上という限定された内容ならばほぼ同じように感じられます。一方、会社全体のプラットフォームとしては様々な要件を満たしていなければ後々問題になることは明らかでしょう。特に、この点はIT・DX部門の視点や、CIO／CDOといった全社を見る方にとっては無視できないポイントです。

具体的な要件として、参考までにEnterpriseReadyがまとめたものを見てみましょう。EnterpriseReadyは、エンタープライズ企業により利用してもらうために、SaaS製品を作るためのガイドです。

表 3-3　WalkMe 社が取得しているセキュリティ関連の認証

ISO 27001	Information Security Management System (ISMS)
ISO 27701	Privacy Information Management System (PIMS)
ISO 27032	Guidelines for Cybersecurity
ISO 27017	Cloud Specific Controls
ISO 27018	Personal data Protection (PII)
ISO 27799	Security Management in health (PHI)
Soc 2 Type Ⅱ	Service Organization Control (SOC)
Soc 3 Type Ⅱ	Service Organization Control (SOC)
CSA	Cloud Security Alliance
FedRAMP	Federal Risk and Authorization Management Program

WalkMe作成

Slack、Salesforceなどの有名ＳａａＳ企業をケーススタディしてまとめられています（表３－２）。ここではシングルサインオン、監査ログ、チーム管理等の12の要件が挙げられています。

ＷａｌｋＭｅは全世界で約２０００社の大企業で導入いただいています。10年以上、大企業のプラットフォームとして求められるセキュリティや、グローバル対応についても様々なご要望をいただき対応してきました。例えばセキュリティに関していえば、ＷａｌｋＭｅは、多数のＩＳＯ資格（ご参考までにＷａｌｋＭｅが取得しているセキュリティ関連の認証を表３－３に挙

図3-13　変革に対するDAPとDASの立ち位置の違い

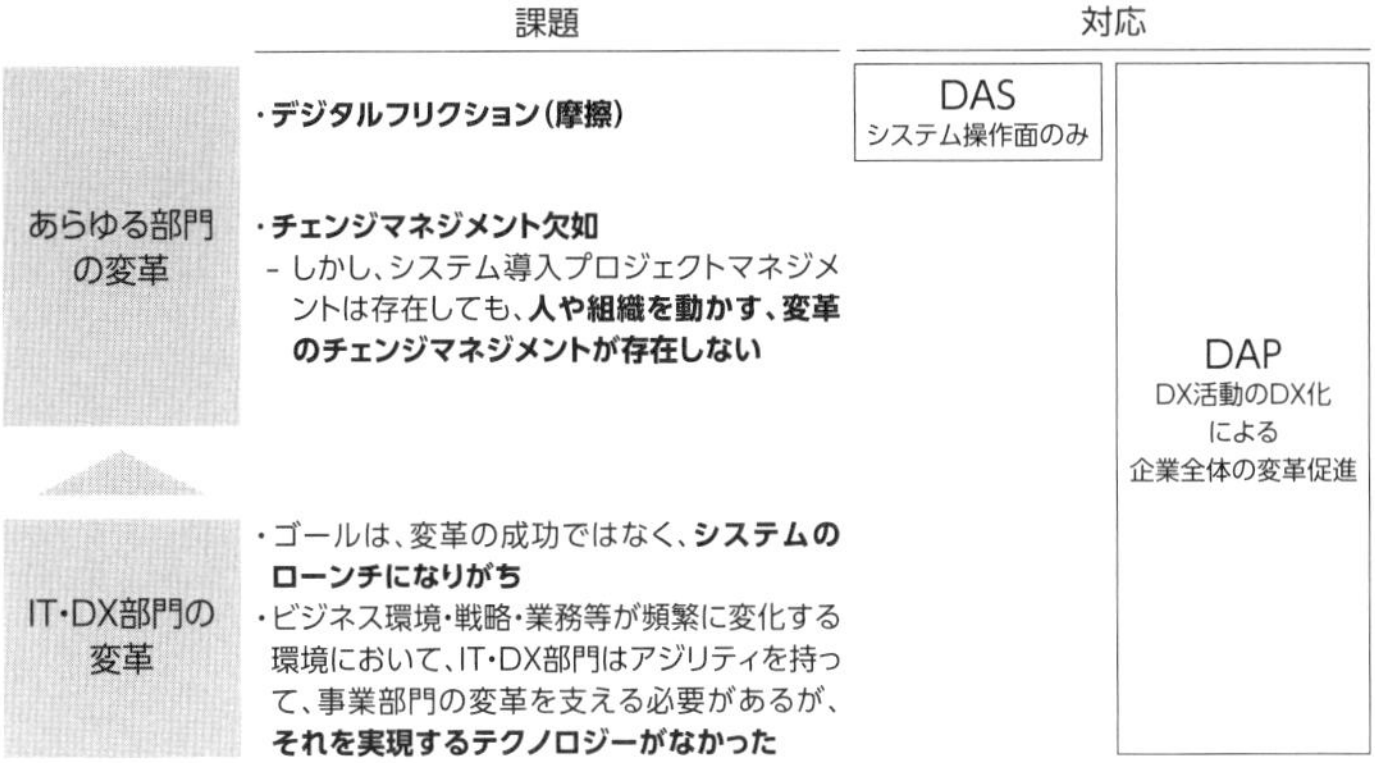

	課題	対応	
あらゆる部門の変革	・**デジタルフリクション（摩擦）**	DAS システム操作面のみ	DAP DX活動のDX化による企業全体の変革促進
	・**チェンジマネジメント欠如** - しかし、システム導入プロジェクトマネジメントは存在しても、**人や組織を動かす、変革のチェンジマネジメントが存在しない**		
IT・DX部門の変革	・ゴールは、変革の成功ではなく、**システムのローンチになりがち** ・ビジネス環境・戦略・業務等が頻繁に変化する環境において、IT・DX部門はアジリティを持って、事業部門の変革を支える必要があるが、**それを実現するテクノロジーがなかった**		

WalkMe作成

げておきます）やDAPサービスプロバイダーの中で唯一、FedRAMP（Federal Risk and Authorization Management Program）という米国政府機関が設けたクラウドサービスプロバイダー向け認証基準の審査をクリアしています。

以上のような違いから、DASとDAPは変革に対しての立ち位置が図3－13のように異なってきます。

DAPの本来の姿

ここまでステークホルダーの立場ごとにDAPの価値を見てきました。次にDAPの要件をシンプルにまとめておきたいと思います。

図3-14　DAPが満たす要件

前提条件	・PCを開いた瞬間からのデジタルUX全体を対象としている ・全社のプラットフォームとなりうるエンタープライズ要件を満たしている
プロセス	1.何が問題なのかが理解できる 2.問題を解決するための打ち手をスムーズに実装できる （デジタルフリクション解消・チェンジマネジメントを推進できる） 3.実装した打ち手を評価し、高速にPDCAを回すことができる

WalkMe作成

DAPとは企業の変革を促進するプラットフォームです。次に示す2点の前提を満たし、3ステップのプロセスを実現します（図3－14）。

前提条件

・PCを開いた瞬間からのデジタルUX全体を対象としている

・全社のプラットフォームとなりうるエンタープライズ要件を満たしている

プロセス

1.何が問題なのかが理解できる

2.問題を解決するための打ち手をスムーズに実装できる（デジタルフリクション

解消・チェンジマネジメントを推進できる）

3．実装した打ち手を評価し、高速にPDCAを回すことができる

世の中のDAPソリューションと言われるものには、どこか一部分を切り取って提供しているものもありますが、厳密にはDAPではなく、ポイントソリューションとして理解するのが適当です。

3-3　DAPによる課題解決のステップ

では、DAPはどのようにデジタルフリクション解消とチェンジマネジメントを行い、ROIを上げていくのでしょうか。私はいつも三つのステップで説明しています。

DAP運用の三つのステップ

①問題を理解する：社内システムの整理

大企業の場合、平均的に473個のSaaSが導入され、そのうちアクティブに利用されているのは半分以下だという現状があります。その状況を改善しようにも、「そもそもどこに問題があるのかわからない」という状態です。WalkMeでは、問題があるシステムを特定するため、現在社内で使用しているシステムの使用状況を可視化します。WalkMeのDiscoveryという機能では、SaaSを調べる場合にはブラウザ拡張機能を、デスクトップアプリを調べる場合にはデジタルハブ機能を持つWorkstationというアプリをインストールするだけで、使用しているシステムの情報が収集されます。ブラウザ上のダッシュボードで、使用されているシステムのリストだけでなく、システムごとにアクティブユーザー数、組織の中での利用率や利用頻度などの情報が一覧できます（図3－15）。ここで使われていないシステムが可視化されますので、本当に不要なものは使用をやめてライセンスコストを削減します。

問題なのは、必要なはずなのに利用率が低いシステムです。使われない理由を探っていきましょう。WalkMeには、システムごとに具体的にどのような使われ方をしているのかをAIが分析する機能があります。例えばSalesforceのどの画面の中で、ユーザーが入力に時間をかけている入力項目はどこにあるのか、エラーが多い画面はどこか

図 3-15　WalkMe Discovery によって明らかにされた社内に存在するシステムの状況

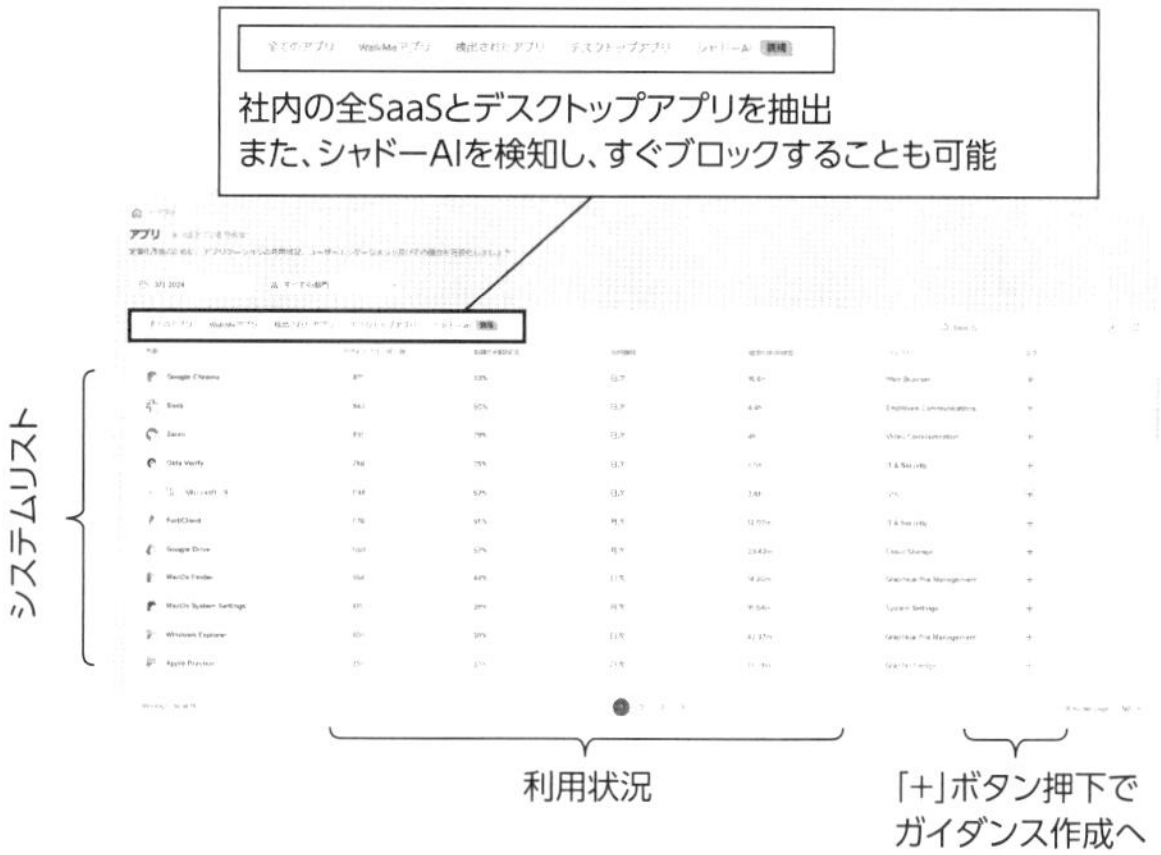

社内の全SaaSとデスクトップアプリを抽出
また、シャドーAIを検知し、すぐブロックすることも可能

システムリスト

利用状況

「+」ボタン押下で
ガイダンス作成へ

WalkMe作成

といった分析が自動で行われ、課題として提示されます（2024年の現時点でこの機能はまだ英語版だけの提供なのですが、ローカライズを進めていますので、まもなく日本でも提供される予定です）。

もう一手間かけて、分析の仕掛けをシステムに仕込めば、一連の業務処理の中でいくつかのチェックポイントを作成し、その間を想定通りユーザーは通過できているかという情報を収集できます（ファネル分析）。すると、どこからどこのステップで脱落している人が多いかがわかるので、その直前の画面で入力項目の入力の仕方がわかりにくいのか、正しいボタンを押せていないのか、それとも別の何かが悪かったの

図3-16　ファネル分析による深掘り

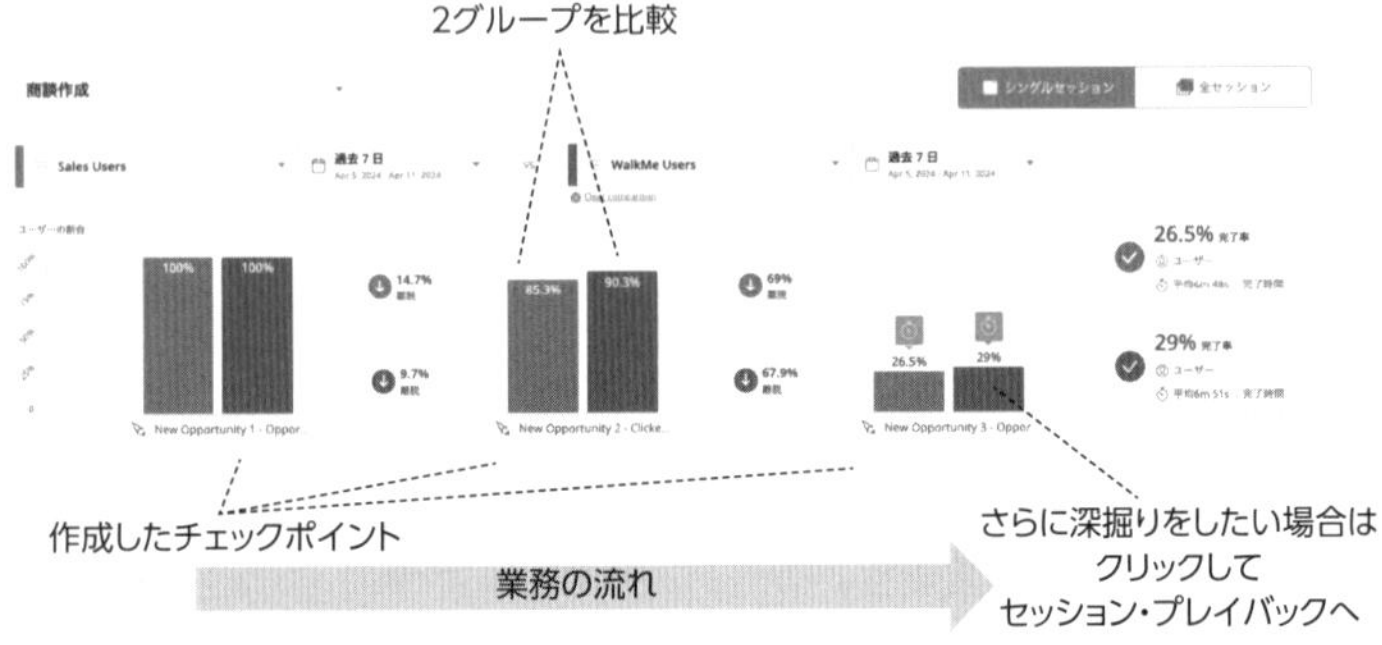

WalkMe作成

か、ということを考えることができます(図3―16)。

もしユーザーの脱落理由がはっきりわからない場合、WalkMeのセッション・プレイバックという機能でユーザーが具体的にどのような動きをして何に迷ったのか見ることもできます。厳密に言うと、ユーザーの動作を録画しているわけではないのですが、マウスの動きやクリック等の動作のログを再構成することで、あたかも目の前でユーザーが操作しているような動画を見ることができます。これを見れば、一目瞭然で何に悩んでいるかがわかります。

どこまで時間をかけて分析して次に進むかはケースバイケースですし、もし問題の

図3-17　WalkMe エディタによるガイダンス作成

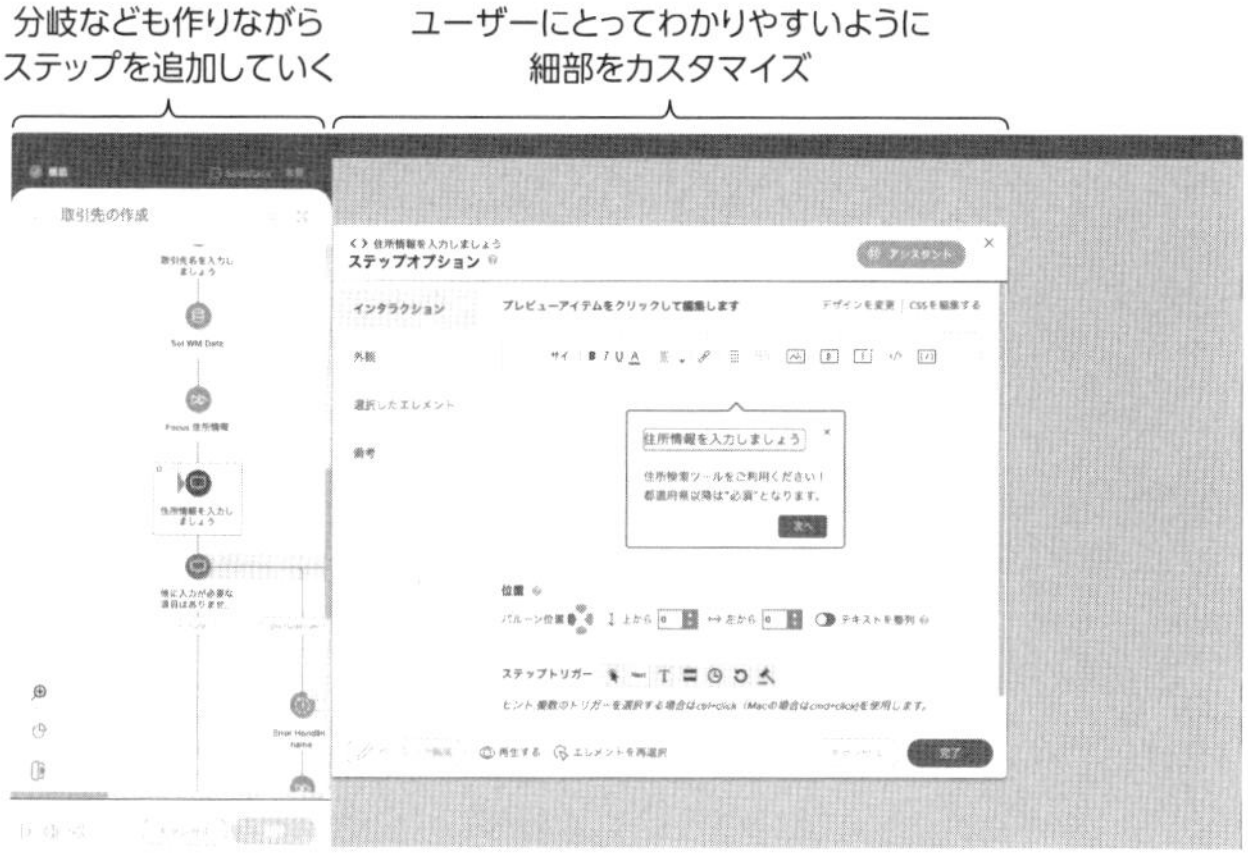

分岐なども作りながらステップを追加していく

ユーザーにとってわかりやすいように細部をカスタマイズ

WalkMe作成

ある箇所に確信があるならば、このステップを省いて進むこともあるでしょう。

その合わせ技として、この問題を理解するステップと、次の解決のための打ち手を同時に進めるということもありえます。

②解決のための打ち手をスムーズに実装する：UI／UXデザインの見直し

①で問題が可視化されたシステムについては、UI／UXを見直していきます。図3－15のシステムのカテゴリーの中に「WalkMe適用済みシステム」というものがありますが、これがWalkMeのコンテンツがすでに作成されているシステムです。未適用のシステムも、＋ボタンをク

リックすればＷａｌｋＭｅの対象として追加できます。追加した後は、ＷａｌｋＭｅエディタを用いてＵＩ／ＵＸデザインの見直し作業を開始できます。ＷａｌｋＭｅであればシステムに手を入れることなく、ノーコードで改修できます（図３－17）。

例えば、特定の入力項目で入力ミスが頻繁に発生していることがわかっていれば、その入力項目に何を入力するか説明文を追加する、入力用のテンプレートをあらかじめ表示しておく、入力した内容が違ったらアラートを表示して正しい入力があるまで次の操作をさせない、といった修正が考えられます。ちなみに、従来は入力内容のチェックは正規表現を使っていましたが、２０２４年段階で生成ＡＩを導入し、日本語で満たすべき条件を記載しておくだけで、入力された内容をチェックすることが可能になっています。例えば、営業で案件を失注した場合に適切に理由を入力してほしいとします。その場合は、「失注理由を記載する上で、金額的な数値や製品機能などを具体的に示し、抽象的ではない理由を記載する必要があります」というような指示で書いておけば、その内容を満たしていない入力の場合はアラートを出してくれます。

また、そもそものシステム利用率自体が低い場合には、やはりブラウザよりももっとユーザーの手元に近いところから解決しなくてはなりません。その場合には、デジタル

図3-18　WalkMe Workstation（1/2）

PCを開いた瞬間から、常駐しているWorkstationにやりたいことを伝えるだけで業務を開始可能

入力欄にやりたいことを入力すると、業務を開始するガイダンスをスタート可能
（他にも通知、ToDo、関連する社内のドキュメント等が表示される等、すべての起点となる）

自分の業務に関連するものを表示しておくことが可能
・ConcurやDocuSignで対応が必要なものリスト（あくまで一例。様々なものが可能）
・ChatGPTの入力応答
・それ以外にもAPI連携で自由に接続可能

WalkMe作成

ハブであるWorkstationを使います。WindowsとMacのネイティブアプリであり、ユーザーは、画面に常駐しているアイコンをクリックするか、ショートカットキーで呼び出すことができます。Workstationの中にユーザーがやりたい業務を入力することで、当該システムまで連れていき、そのシステム上で操作方法を知らなくても業務を完遂できるように支援するのです（図3－18、図3－19）。また、参考までにモバイルのWorkstationは図3－20です。

③実装した打ち手の評価と改善：ノーコードによる高速PDCA

図 3-19　WalkMe Workstation（2/2）

対話型で必要な情報を入力していき、後は自動的にWalkMeが進めることも可能

(図は休暇申請処理をしているところ)
WalkMe作成

図 3-20　モバイル上の WalkMe Workstation

モバイル上でも、様々な情報が一元集約されている

WalkMe作成

②でＵＩ／ＵＸを見直したらリリースし、実際にユーザーに使ってもらいます。そしてユーザーの使い方を詳細に見ていくことで、例えば10ステップある処理の何ステップ目でユーザーがつまずいているのかといったことや、特定の部門の利用率が著しく低い実態などが明らかになります。問題が発生していたら修正し、またリリースします。従来であればリリース後のＵＩ／ＵＸの修正は、どんな些細なことでもベンダーに依頼する必要があり、費用も時間もかかりました。ＷａｌｋＭｅであればシステムに手を入れることなく、ノーコードで改修が可能なので、小さな変更なら数時間、多少テストが必要になるような変更でも数日から1週間程度でリリースできます。かつ、ボタンを表示する、文字を表示するといったガイドのためのライブラリをＷａｌｋＭｅが提供しているので、ゼロから改修するのに比べて、統一感があり動作が保証されたＵＩ／ＵＸを簡単に実装できます。

③で課題を解決できてもそれでゴールではありません。システムは日々増えたり、入れ替わったりします。また①に戻って現状を再度把握し、課題を見つけて①から③のループを繰り返すことで、ユーザーから声が上がる前にプロアクティブに手を打つこと

ができるようになります。

歴史的にはＷａｌｋＭｅが最初にリリースしたプロダクトは、②の部分がメインでした。②の見直しを実装するために③が機能として追加されました。さらに①の、全社のシステムを通して問題を把握できるDiscoveryがリリースされたことで、社内のデジタル体験全体を分析対象にすることができるようになり、「企業のデジタルＵＸ全体を最適化する」というアプローチがより取りやすくなりました。

ＤＡＰ運用の体制

このようなＤＡＰ運用を継続的に行う体制は、どのような存在であるべきでしょうか。会社全体のシステムをＤＡＰで改善していくのであれば、ベストプラクティスはＤＡＰ関連の業務を集約するＣｏＥ（Center of Excellence）の構築です。ＤＡＰは全社システムの最適化のプラットフォームなので、ＤＡＰ運用を所管するＣｏＥの責任者には、ＣＩＯやＣＤＯが指揮をとる全社のＤＸ戦略と緊密な連携をとれる人物である必要があります。

ＣｏＥの構成員として、ＷａｌｋＭｅではＤＡＰマネージャーとＤＡＰビルダーという二つのロールを想定しています。ＤＡＰマネージャーはプロジェクトマネージャーのような立場でシステム全体像を統括する立場で、主に三つのステップの①と③を継続的に行い、課題の抽出と結果の評価を行います。

どの課題を改善するかを決めたら、ユーザーとして業務とシステムの使い方をよく知るＳＭＥ（Subject Matter Expert）、つまり現場のエキスパートに参加してもらってサブプロジェクトを切り出します。ＳＭＥの役割は、改善が必要なシステムは何を目的としてどう使っているか、どのように修正するのが望ましいのかを業務面からインプットすることです。ＳＭＥとＤＡＰビルダーが協力して三つのステップの②と③を行い、ＵＩ／ＵＸを最適化します。ＤＡＰビルダーは実際に手を動かしてＵＩ／ＵＸを設計し、実装する立場です。

DAPを全社のプラットフォームとして導入することで、企業には二つの変化が起こると考えています。

3-4 DAPがもたらす変化

DAPは企業の競争力を上げる

End-to-Endの業務プロセスの中でボトルネックになるのがデジタルフリクション、言い換えると人がシステムを使えていない状況です。そこで、人とシステムの接点であるUI/UXをDAPによって改善することでシステムが使いやすくなれば、デジタルフリクションが解消でき、End-to-Endのスループットも上がって生産性が上がります。それはデジタル投資のROIの最大化に直結します。

ROI投資の最大化を考えるときに課題となるのが、SaaSの活用です。いまや、社内システムの中には必ずSaaSがあり、業務プロセスの一部を担っています。Fit to Standardという観点で考えると、SaaSはオンプレミスのシステムのように自社の業務プロセスに合わせたカスタマイズは望ましくありません。しかしDAPを利用することで、SaaSの本体に手を入れることなく、その上のレイヤーでUI／UXの問題を解決できます。また、シンプルにSaaSの利用状況を可視化して使われていない無駄なライセンスコストを削減することも、ROIの向上に寄与します。

今、DXによって競争力を高めるという文脈で外せないのが、AIの活用です。ChatGPTに代表される生成AIを業務にうまく活用できるかどうかで、生産性は大きく変わります。生成AIを活用してコンテンツを生成したり、ナレッジにアクセスするためには、プロンプトを上手に書ける必要がありますが、できる人とできない人の差はとても大きいという現実があります。できない人にとっては新しいデジタルフリクションが生まれることになりますが、DAPを使ってプロンプトの作成をアシストすることで、苦手な人のフリクションを取り除き、全体の生産性を底上げすることができます。

ガートナーによると、「2026年までに、40％の組織がDAPに組み込まれた生成AIを使用して、新しいワークフローを自動的に従業員に提示するだろう」とのことです。

つまり、生成AI単体で完結する利用ではなく、一連のビジネスプロセスの一部に生成ＡＩが組み込まれた形で活用される（Embedded AI）方向性です。生成ＡＩと会話している中で業務プロセスを開始することもあれば、通常の業務プロセスの途中でＡＩに意思決定支援や検索や次のプロセスへのガイドを求めるようなこともあるでしょう。あるいはユーザーが求めなくとも、生成ＡＩ側から積極的にユーザーに働きかけることも増えるでしょう。ＤＡＰは、生成ＡＩとの対話画面を不要とする形で、常にユーザーの処理の傍らに備え、裏で生成ＡＩを呼び出しながら、一貫性のあるＵＩ／ＵＸで自然に業務プロセスに組み込むための欠かせない存在になります。

DAPは人を変えられる

ＤＡＰを導入することで競争力が上がるという話をしてきましたが、つまるところ「人」にフォーカスした課題解決です。現場の社員は使いづらいシステムに対して、「使いたくない」「わからないから使えない」「使えるけどすごく手間がかかる」「使えるけどミスが多い」「新しいことをまた覚えるのは面倒」といったネガティブな感情を持っており、それが「ＤＸなんてやりたくない」「今までのままでいい」というマインドを生み、生産性の低下を招いています。

DAPを導入してUI／UXを改善することで、ユーザーは新しいシステムでも問題なく使えるようになります。DAPで様々なKPIを測定して、現場の社員がDXを受け入れ行動が変化していることを確認しながら、改善を図るチェンジマネジメントを実行できます。すると、ユーザーはシステムをどんどん使うようになってきます。そして、「DXも良いものだな」「システムを積極的に使っていきたい」というマインドチェンジが期待できます。

DXを成功させる上で、最重要にもかかわらずこれまで手付かずで残っていた課題が、人的ボトルネックの解消です。業務を整理して新しいシステムを導入しても、ユーザーがそれを意図した通りに使いこなせなくては、成果は出ません。「ユーザーが使える」ことを重視するばかりに、より優れた機能を持つ新しいＳａａＳの導入を諦めたり、インタフェースが使いづらいという理由で採用を見送ったシステムでも、DAPがあればUI／UXをユーザーが使えるように変えることができます。「人」を理由に、妥協する必要がなくなるのです。

日本企業では、現場が力を持っていて既存の慣習を守ろうとするので、変革が進まないことがしばしば指摘されます。このような環境下で、現場のマインドを変えるチェンジマネジメントは極めて重要であると感じます。DAPはまさに、これまで解決されてこなかったこの課題を解決し、変革を促すデジタルな手段になりうるのです。

気づいていない日本企業が多い今が、DAP元年

欧米でDXに成功しているグローバル企業は、すでにDX戦略の中核にDAPを据えています。2024年現在、WalkMeが日本に進出した2019年から5年が経ち、4章でご紹介する富士通様をはじめとして、DAPを導入してDXの成果を上げる日本企業も出てきています。DXを進めていく上で、End-to-Endでのシステムの連携や一貫したUI／UXの重要性は増しています。DAPは全社システムにまたがるこれらの課題を解決する唯一の手段です。

ERPも誕生した当初は「導入すれば便利なオプション」の一つとして捉えられていましたが、今や企業のIT戦略において不可欠な要素となっています。同様にDAPも、企業のDX戦略の中で、最後に残る「人のボトルネック」を解決するピースとして、不可結な要素になるはずです。

まだそのことに気づいている日本企業は、それほど多くありません。この本を手に

取った「今」をＤＡＰ元年として、全社のＩＴプラットフォームとしてＤＡＰの導入に舵を切ることで、あなたの会社は他社に一歩抜きん出た競争力を手に入れることができるのです。

CHAPTER

4

DAP導入の進め方

4-1 基本の進め方

ＤＡＰは、社内のデジタルＵＸ全体の改善を進めるプラットフォームです。ＤＡＰの導入によって事業部門のＤＸを推進し、またＤＸを支えるＩＴ・ＤＸ部門のあり方が変わります。

導入のアプローチとしては、大きくトップダウンとボトムアップの二つが考えられます。それぞれのアプローチについて整理します。

トップダウンアプローチ

ＣＩＯ／ＣＤＯが主導して導入するアプローチです。ＤＡＰで何ができるのかということを理解し、導入して数年後には社内のデジタルがどのような状態になっているのかというビジョンを描いて、ゴールに到達するまでに社内の業務プロセスやシステムにどの順序でＤＡＰを導入していくかというロードマップを策定します。ロードマップ策定にあたっては、3章で紹介したDiscoveryのようなツールを使って社内のシステムの利

図4-1　トップダウンアプローチによるDAP戦略策定

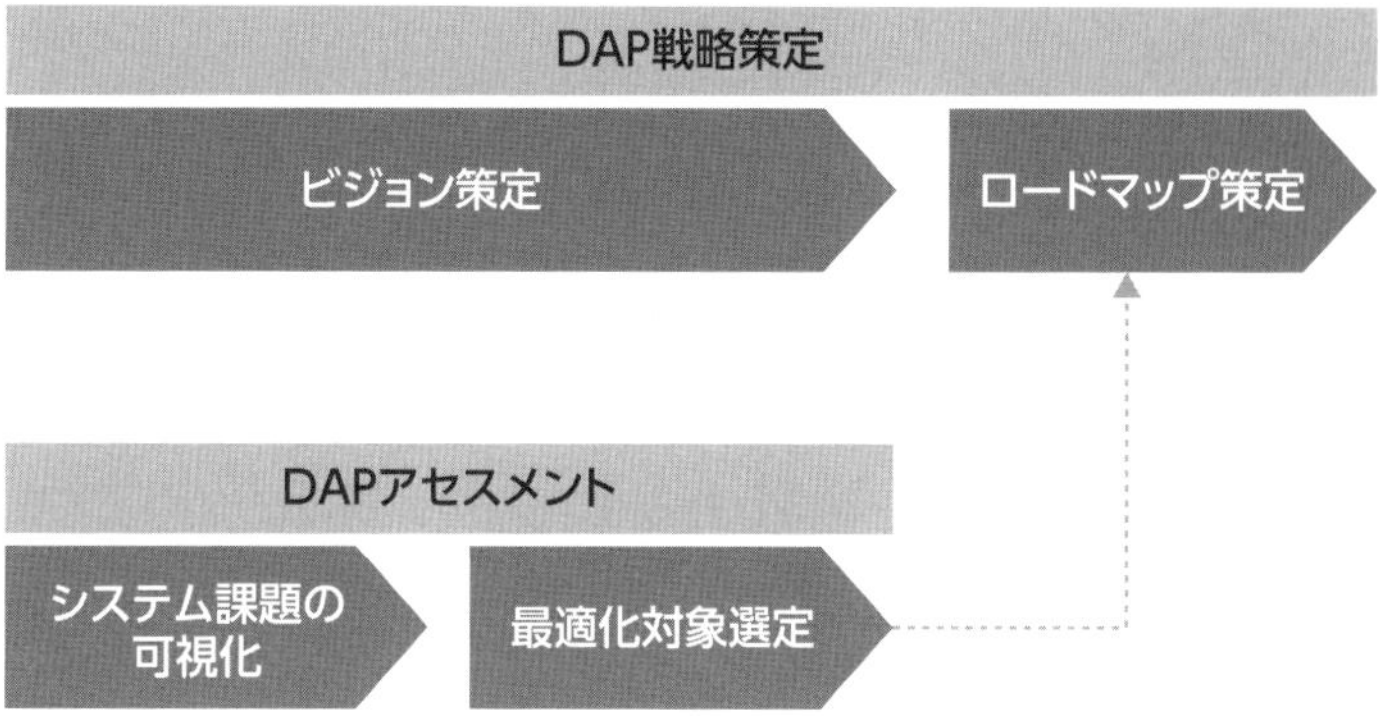

DAP戦略策定

ビジョン策定

ロードマップ策定

DAPアセスメント

システム課題の可視化

最適化対象選定

WalkMe作成

用状況を把握し、現状の問題点の可視化と最適化の対象を選定します。

同時に、推進体制の検討も進めます。まずどこの部門が主導するか、IT・DX部門はどのようなかかわり方をするか、全体を取りまとめるCoEはどのタイミングで構築するかといったこともロードマップの中に含めます（図4－1）。

ビジョンとロードマップを策定して、導入計画とKPIを定めてから実装に取り掛かります。実装したら実際に使ってみて効果を測定し、改善しながら次の実装を進めるという形でPDCAを回しながら徐々に全システムへと導入範囲を広げていきます。

ボトムアップアプローチ

個別のシステムに責任を持っている方が主導して導入をスタートするアプローチです。ＩＴ・ＤＸ部門の方の場合もあれば、事業部門の方の場合もあります。典型的なのが、「ＳａａＳを導入してみたけれども使われない、思っていたような効果が得られない」という困りごとがあり、その課題を解決するためにＤＡＰを導入しようというものです。まずは課題を解決するためにガイダンスを作るところからスタートするので、ＤＡＰよりはＤＡＳとしての利用になります。

一つのシステムにＤＡＳを入れて活用が図られるようになれば別のシステムにも導入しようということになります。ある程度数が増えて効果が見えてきたら、どこかのタイミングでＣｏＥを構築して全社システムの中で優先順位を付け展開することになります。この段階に来ると、導入のリーダーシップはＣＩＯ／ＣＤＯがとることになります。

最終的には全社に入れないと効果が薄い

ＤＡＰは社内のシステム全体の価値を最大に引き出すためのものですから、本来であ

図4-2 ボトムアップアプローチにおける次の展開への布石

1システムにおいてDASとしての利用を行う場合も、DAPとしての展開可能性を確認する位置付けにすることが望ましい

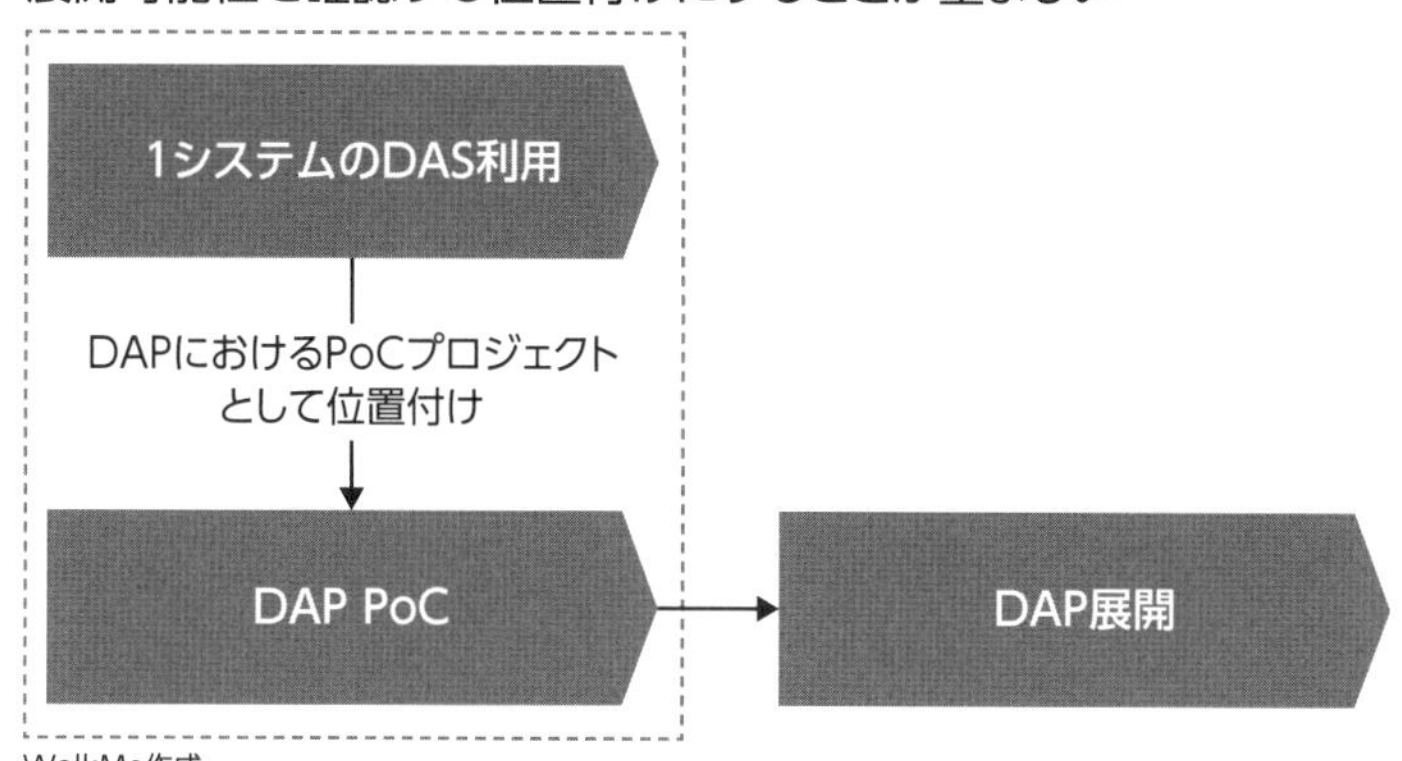

WalkMe作成

ればトップダウンでシステム全体を俯瞰して、優先順位を付けて導入していくのが効率的です。

しかし、日本企業の場合、現状ではまず1システムから導入したいというご相談をいただき、ボトムアップアプローチで始まることもあります。1システムだけの導入から始まり、使いづらくて困っているシステムにバラバラに導入していくことでもそれなりの効果はあるのですが、PCを開いた瞬間からのデジタルUX全体を対象に複数のシステムで共通のUI／UXを提供し、シームレスに連携することでより大きな効果が引き出されることは先に述べた通りです。

ボトムアップアプローチでＤＡＰを導入する場合も、最初のプロジェクトは直近の課題を解決すると同時に全社的なＤＡＰ導入を検討する前のＰｏＣとしても位置付け、その後の全社展開の検討材料をアウトプットできるように進行することが良いと考えています。そのためにも、必要機能の洗い出しやソリューションの選定などの導入プロセスは、先々のことを見据えてＩＴ・ＤＸ部門が主導することが肝要です（図４－２）。

ボトムアップアプローチの注意点

最終的には全社的なプラットフォームとしてＤＡＰを活用するのが望ましいのですが、どうしても、ある一つのシステムだけにすぐ適用したいという場合もあるでしょう。その場合は、次の注意点を認識した上で進めたほうが、後々に関係する全員にとって良い結果になります。

まず、問題になる場合を考えてみましょう。もしボトムアップアプローチとして、あるユーザー部門が中心となって単独で意思決定し進めていった場合には何が起こるでしょうか。

少し歴史的な出来事を引き合いに出すと、かなり前にはLotus Notes、最近ではRPAで起こったことと近しいことになります。

Lotus Notes（以下Ｎｏｔｅｓ）とは、もともとはＬｏｔｕｓ（後にＩＢＭに買収され、さらに後にHCL Technologiesに売却されています）が開発した文書型データベースのシステムで、一般的にはグループウェアと呼ばれるものです。

Ｎｏｔｅｓの売りは、アプリ開発を容易に行えるというものでした。そのため、企業は、部署ごとの業務要件に合わせアプリを開発して利便性を高めていました。それも、各部署で自由に作ることができたので、ＩＴ・ＤＸ部門がすべてを把握できないような形で、社内で使われていることが多かったのです。

その結果、①必要な情報を横断的に検索できない、②Ｎｏｔｅｓアプリの作成者が異動・退職してしまうとメンテナンスが放棄されてしまう等、後に対処が困難になる現象が発生しました。

もう一つはＲＰＡの例です。ＲＰＡはRobotic Process Automationの略で、名前の通りプロセスの自動化を目的としています。２０１０年代後半から脚光を浴び始め、UiPath、Bizrobo、WinActor等多くのツールが存在します。ＲＰＡは、ＧＵＩでタスクを自動化することが可能なので、ＡＰＩを用いて開発する場合に比べて開発障壁が低く、開発者が気軽に作ることができました。

その結果、「野良ロボット」が大きな問題になりました。野良ロボットとは、何らかの事情で管理者不在になったＲＰＡロボットのことです。開発者も不在で、ＩＴ・ＤＸ部門がその存在や動作を把握・管理していないため、誰も手が出せなくなったものです。

手が出せなくなった原因としては、①開発者がいなくなった、②使いこなせなかったからそのまま放置された、③効果が実感できなかったため放置された、等の理由が多いそうです。

他にも今でも身近な例としては、Ｅｘｃｅｌの野良マクロ問題も同様で、皆さんも聞いたことがあるのではないでしょうか。

我々は過去の歴史に学ぶべきです。もし仮にＤＡＰで同じように、誰も手が出せないような状況が発生してしまうと、常に変化がありうる業務に対して追随したアップデートができなくなります。そうすると、指示内容が不適切な状態になり現場のメンバーが誤ったアクションをとってしまったり、入力されるデータの正確性が担保されないことになります。特にデータ入力に関しては、基幹システムなどで正確なデータ入力が必要とされる場合、業務上クリティカルな問題が発生してしまいます。そのような状態が続くと、最終的には使わなくなり、ライセンスコストも無駄になってしまいます。

このような将来のリスクを念頭に置くと、絶対的なルールとして、導入の意思決定に際してはIT・DX部門の巻き込みを行わなければなりません。

IT・DX部門の観点からは、DAPはプラットフォームという性質からも、最初の一つ目のシステムを対象としている場合でも全社導入の視点で検討することが望ましいです。先に挙げたように、セキュリティ等のエンタープライズ要件を満たしているかどうかについては、IT・DX部門の視点では必ずチェックするべきでしょう。

また、最初にDAPを導入したいと声を上げた部門が必要とする要件を、あるソリューションが満たしていたとしても、第二・第三の部門への適用を考えたときには満たせない、ということも十分ありえます。そのため、全社的な視点で必要な機能が揃っているかを確認する必要があります。

特に、DAPはPCを開いた瞬間からのデジタルUX全体をカバーすべきですし、IT・DX部門としては高速PDCAを回してそのUXをどんどん改善できるものにすべきです。

その上で、NotesやRPAで起こった問題が発生しないようにガバナンスを考える必要があります。IT・DX部門は常に手が足りない状態でしょうから、運用はユーザー部門に任せたいということはあるでしょう。ただし、その際にもゆくゆくはCoEのような形にする可能性も念頭に置いた上で、IT・DX部門としてはユーザー部門が何をしているかを監視でき、必要があればフォローできる状態にします。これは過去の歴史を見ても、ユーザー部門の担当者が異動や退職した場合や、何らかの事情で問題が発生した場合には、会社としての対応が必要になるからです。

逆に、事業部門の方から見ても、後々に何らかの問題が発生する可能性も踏まえると、IT・DX部門を巻き込んでおいたほうが良いでしょう。

担当者の異動などでメンテナンスが難しくなった場合、業務で使えなくなってしまうので、無駄になるライセンスコストもありますが、部門としても困った状態になりかねません。例えばですが、タイムリーで正確なデータ入力を目指している活動が止まってしまったとき、レポートされる部門長の方の意思決定に影響が出ますし、もしかしたら部門長のさらに上長へのレポートの際に問題が出て、部門長が困った立場になりかねません。こういった場合にもIT・DX部門に相談できることは業務の継続性の点からも望ましいです。

また、自部門と異なるソリューションをIT・DX部門が全社的に選択してしまう場合もあります。単に自部門の要件を満たしたからといって、DAPを他の部門に適用していく際に、別の部門の要件を満たすのは別のソリューションになることはありえます。さらに追随する部門もそちらを選択していった場合、自部門のみが全社の中で異分子となります。その場合、どこかのタイミングでかなりの工数をかけてリプレースすることになりかねません。

最後に、これはそもそも問題を発生させないためのものです。実は最初にやりたいと考えていた要件の他に、使っていく内に新しく実現したい要件が出てくることは一般的です。しかし、最初に導入したソリューションが、最初に考えていた要件では問題なかったけれど、その後出てきた要件を満たすことができず諦めてしまう、ということもよく相談されます。そういうことが続くと、やはり徐々に使われなくなってきてしまうので、最初にパッと簡単に使えそうなものを選ぶのではなく、将来的に必要となりうる機能も含めて判断を下すことが望ましいです。そういう意味でも、冷静に客観的に判断できるＩＴ・ＤＸ部門を巻き込んだほうが、野良ＤＡＰツールを発生させず全員がＷｉｎ－Ｗｉｎになります。

ＰＤＣＡを回すことの重要性

トップダウンでもボトムアップでも、どちらのアプローチでも重要なのはＰＤＣＡを回すことです。導入したガイダンスを実際に使ってみて評価し、効果がなければ原因を突き止めて改善するというサイクルを高速に回せる体制が必要になります。

最短のリードタイムでＰＤＣＡを回すのであれば、理想は内製化です。ＤＡＰにはノーコード・ローコードでＵＩ／ＵＸを改修できるツールがありますので、今までのシステム改修のように外部のＳＩｅｒやベンダーに依頼する必要はありません。

ＰＤＣＡサイクルを回すためにもう一つ重要なのが、評価がしやすいことです。実際に改修の結果システムの利用率は上がったのか、今までボトルネックになっていた点が

図4-3　PDCAのイメージ

プロジェクトのKPI達成率を起点に改善ポイントを発見し、シームレスにPDCAを回す

WalkMe作成

改善したのか、次に改善すべき点はどこなのか、どの画面に問題があるのか、といったことを調べるために手間がかかるようでは、次に何を改善すればいいのかわかりません。評価から改善点の抽出、そして改善のための修正と、それぞれ別のツールを起動する必要があるのでは、IT・DX部門が疲弊してしまい、PDCAが止まってしまいます。これが一気通貫で実施できる機能がパッケージされている必要があります。

WalkMeでは、CIO／CDO、IT・DX部門のマネージャー、システムの改善担当者の3レイヤーに対応したKPIを設定し、可視化する機能を提供し

ています。例えばＣＩＯ／ＣＤＯやマネージャーであればシステムごとの利用率やプロセスの完了率といった全体としての活用度を、担当レベルであればプロセスごとに設定したマイルストーンの通過率や入力項目ごとの入力エラーの数など具体的な改善点につながるＫＰＩを得られます。そして、改善点が見つかればそこからシームレスにＵＩ／ＵＸの編集画面へと連携しているので、フリクションレスで内製化のＰＤＣＡが回せます（図４－３）。

4-2 導入事例①富士通株式会社

富士通は日本を代表するグローバル総合ＩＣＴ企業です。２０２０年７月には全社ＤＸプロジェクト「フジトラ（Fujitsu Transformation）」が始動しました。フジトラは、ビジネスモデルからビジネスドメイン、ビジネスプロセス、仕事の進め方まで、様々なものをモダナイズしていくもので、ベースとなる施策が「OneFujitsu」です。主要な業務領域ごとに一つのグローバルスタンダードに統一することで、データ駆動型経営への転換、業務の全社最適、ひいては生産性の最大化を目指されています。

同社ではOneFujitsu実現のためにＤＡＰ製品に着目されましたが、初期には他社製品も実際に導入し比較されていました。そして最終的にＷａｌｋＭｅを採用いただいた理由は二つありました。一つは発展性です。ＷａｌｋＭｅは世界中の多くのユーザーに使われているため、継続的な投資により機能拡張や新技術採用が継続することが期待されました。また、もう一つはグローバルサポートです。「OneFujitsu」はグローバルに展開する施策であるため、グローバル多拠点・多言語での対応力も重視されました。

標準化と利便性の両立が課題、解決策としてのＤＡＰに期待

フジトラにおいて、主要な業務領域ごとに一つのグローバルスタンダードに統一を目指す上でのキーワードは“Fit to Standard”です。しかし一般的には、Fit to Standardを大方針として標準化すればするほど、利便性は損なわれていきます。なぜなら、業務をシステムに合わせるとなると、どうしてもユーザーにとっては「使い勝手が悪い」ものになってしまう傾向にあるからです。

そのため、標準化と利便性とのバランスをどうとるかが重要な鍵になります。その有

効な解決策として同社が着目されたのがＤＡＰです。ＤＡＰならシステム側に手を加えることなくＵＸの改善が自在に行えるからです。このＤＡＰの特徴は、ＵＸの入口となって操作性を一定レベルに引き上げることにつながり、標準化と利便性の両立を実現します。その後、多数のシステムにＷａｌｋＭｅを適用していただいた今では、こうした観点で、ＤＡＰはオプションではなく、むしろ基盤とも言えるアーキテクチャだと評価いただいています。

Salesforceへの実装から1年あまりで10システムへの実装を完了

ＷａｌｋＭｅを最初に適用したシステムはＣＲＭのSalesforceでしたが、主要なＩＴサービスのすべてにＷａｌｋＭｅを導入する方針で進めていただいた結果、２０２４年現在、ＥＲＰのＳＡＰ、ワークフローのServiceNow、経費精算のSAP Concur、人事のSAP SuccessFactors、サービス購買のSAP Fieldglassをはじめ展開いただき、導入から1年あまりですでに約8万人のユーザーにご利用いただいています。また、引き続きOneFujitsuプログラムの一環としてグローバル展開することで、最終的には利用者はグローバルで約12万人規模になる予定です。

これだけのスピード感を実現できた背景には、経営陣と一体となった社内プロモーション活動に加え、CoE機能としてDAP推進チームの立ち上げがあります。当該チームにより、導入のルール、デザイン、テンプレートなどを整備されています。その上で、WalkMeでコンテンツを作成するのは業務部門であるべきだとの考えのもと業務部門が自らの手で速やかに実装できる状況を作り、DXの取り組みの加速を狙われています。

「使いやすさ」の定量化で問題点を特定しアジャイルな進め方を目指す

Fit to Standardに加え、WalkMeを多くのシステムに適用したもう一つの目的は、単なる便利ナビゲーションツールの導入としてだけではなく、ユーザーがどこで迷い、つまずいているかなどのデータを収集・分析し、UXを継続的に向上し続ける仕組みを構築することにもありました。

誰もがスムーズに使いこなせる状況を目指すためには、使い勝手の定量化が必要ですが、これまで「使いやすい」「使いにくい」とのユーザーの声は客観的に評価する方法がありませんでした。しかし、WalkMeなら利用状況の把握や操作ログの取得が可能なので、利用頻度のバラつきや平均的な操作時間を可視化し、使い勝手を定量的に評価することが可能となります。こうした分析結果をもとに問題点を特定し、誰もが同じように使いこなせる理想的なシステムの実現を目指して、スピーディーに改善サイクルを回そうとされています。

4-3 導入事例②オンライン列車予約・販売

一つ目の富士通の事例では、DAPは社内システムの最適化のプラットフォームとして導入されましたが、コンシューマー向けのサービスにもDAPは利用されています。ここまで企業の内部向けの話をメインにしていましたが、先に書いた通り、WalkMe誕生の契機となったのは、オンラインバンキングというコンシューマー向けのサービスでした。そして今では、コンシューマー向けサービスへの適用も数多く存在します。

課題がわかっていても改修できないジレンマ

ここで紹介する事例は、鉄道会社のオンライン予約・決済サービスです。駅の窓口で購入可能な乗車券や座席指定券などが、インターネットから予約・申込・決済できる他、宿泊やレンタカーなどの予約もできます。系列のショッピングモールなどと共通で使えるポイントサービスを利用したチケットの購入や座席のアップグレードも可能です。

このサイトの課題は、問題点がわかってもなかなか改善ができないことでした。切符の予約サービスは、駅の窓口の発券サービスと連携しているため、小さな改修でも発券サービスへの影響を評価する必要があります。影響を考慮して仕様を決め、ベンダーに依頼して改修してもらうことを考えると、数ヶ月の時間と数千万円のコストがかかってしまうことも珍しくありません。またそもそも、鉄道の運行は年中無休ですから、予約システムを改修のために止めることはできません。この会社では、巨大なシステムに影響を与えず、UI／UXの改修を早いサイクルで実施できるソリューションとして、WalkMeを導入しました。

「画面上に吹き出しを一つ表示」で間違い予約が大幅に減少

ＷａｌｋＭｅで改善できたことの一つが、「予期しない当日予約の未然防止」と「発券忘れ」の防止です。オンラインサービスで切符を予約するときは、乗車駅、降車駅、乗車日時を入力して列車を検索しますが、日付の初期値として「本日」の日付が設定されています。そのため、利用者が日付の入力をうっかり忘れてしまうと、初期値に設定された「本日」の日付のままで予約が完了してしまいます。利用者に予約の変更や取り消しの手間をかけてしまう、取り消しの処理がわかりにくくて問い合わせが発生する、そもそも予約を間違えやすいことが不満や苦情につながるといった問題が起きていました。

日付の初期値を設定しないようにシステムを改修すれば解決するのですが、そのためには莫大な費用がかかります。そこでＷａｌｋＭｅを利用して、乗車日が本日になっている場合は申し込み内容の確認画面で「乗車日が本日になっています。よろしいですか？」という注意を吹き出しでわかりやすく表示するようにしたところ、誤った予約の取り消しや問い合わせの数が大幅に減少しました。

また、予約した切符を発券しないまま当日になってしまい、発券手続きが間に合わず電車に乗れないようなことも起きていました。発券忘れの防止には、発券が必要な場合に決済画面で「発券が必要です」という文字を目立つように表示しました。

この処理自体は条件を満たした場合文字を画面上に表示する、というだけで技術的に難しいことはないのですが、ウェブサイトを直接改修すると工数も時間もかかるため、これまではできていませんでした。ＷａｌｋＭｅを利用した改修で大きな効果が上がった例です。

社内の担当者が数時間の作業で自由に「お知らせ」を表示

切符の予約サービスでは、事故や災害による運行状況のお知らせや、年末年始・ゴールデンウィークなどの繁忙期の切符のルールの変更など、利用者に「お知らせ」を出したいことがしばしばあります。そうしたニーズにもＷａｌｋＭｅは柔軟に対応できます。例えば年末年始の回数券利用の特別ルールについても、検索結果が年末年始の期間であれば「この期間は回数券の利用ルールが異なります」というお知らせを表示することで、予約を完了する前に周知することができます。

また、切符の受け取り方法の変更のような、すべての利用者に知らせたい重要事項は、ログイン時に「お知らせ」を全画面に表示することができます。「お知らせ」は慣れれば確認も含めて最短で1時間ほどの社内作業で掲出できます。事故や災害により特定の路線が運休しているといった運行情報の表示も、これまでに比べると圧倒的なスピード感でタイムリーな情報提示が可能になりました。

使いにくい導線をWalkMeが代わりに操作してポイントの利用率を向上

系列会社との共通ポイントの利用率を上げることも課題でした。マーケティング的にはポイントによるロイヤリティの向上を図りたいのですが、切符の購入時にポイントがほとんど利用されていなかったのです。

理由は明白で、導線がポイントを利用することを想定したものになっていませんでした。オンライン予約の利用者は、切符を予約するためにサイトを利用します。そのため導線としては、まず切符を予約して、決済の段階でポイントが使えるなら使って支払いたい、となるはずです。しかし実際のシステムは、ポイントを利用して支払う場合は「ポイント特典申込」という全く別の入口から予約を進めて支払いに進む必要がありました。通常の手順で予約を進めてもポイントを使う機能はなく、「ポイント特典申込」

の最初の画面で改めて列車を検索するところからやり直す必要がありました。「ポイントを使う」という行為が面倒を増やし、利用者にとって良い体験につながらないのです。

導線をシステム改修で改善するためには決済のフローを抜本的に作り直す必要があり、少し考えただけでも容易ではないことがわかります。この問題を、システム改修することなく「面倒な操作を自動化する」ことで解決しました。利用者が予約を進める途中で、ポイントが足りていて特典チケットを利用できるユーザーに対しては「ポイントで乗る」というボタンを表示します。利用者がボタンを押すとＷａｌｋＭｅの機能で自動操作を行い、「ポイント特典申込」画面を経由して利用者が選択していた条件の特典チケットを取得する画面を表示します。ポイントを使えない導線で予約を進めてきた利用者を、ボタン一つでポイントを使う正しい導線に誘導することができるのです。この機能の導入により、特典チケットの利用数は大幅に増加しました（図４－４）。

内製化で圧倒的なスピード感と低コストの改修を実現

ＷａｌｋＭｅの導入は、最初はＰｏＣでの実装から始めて徐々に改善を進めています。

図 4-4　自動化によるショートカット

購入する切符を決めてからポイントで支払いたくなった場合、一度最初まで戻って同じ操作を行う必要があった。それを完全に自動化

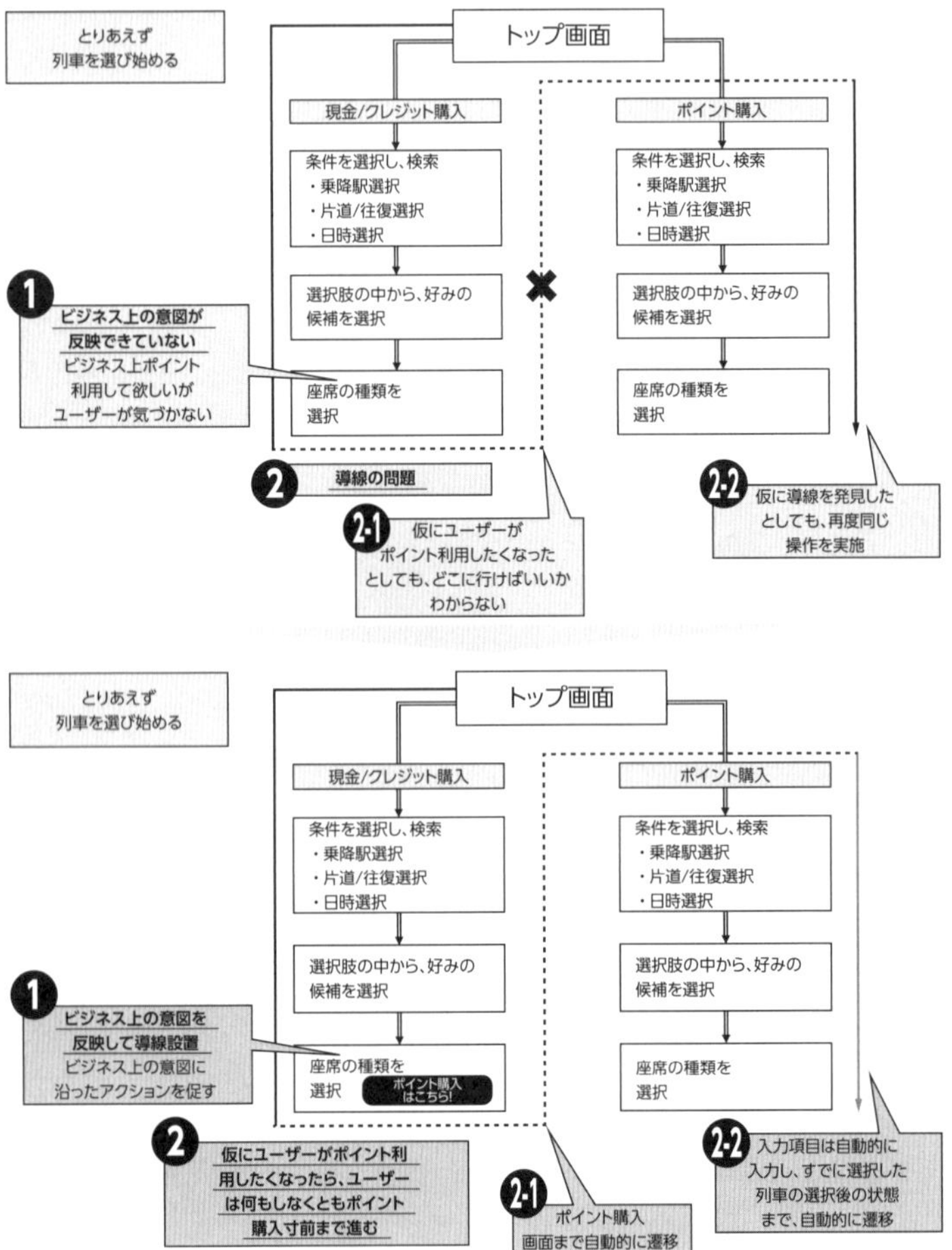

WalkMe作成

運用は内製化されており、部内の担当者がＷａｌｋＭｅエディタでお知らせの運用やＵＩ／ＵＸの改修を行っています。従来、サイトの改修はできても年に１、２回が限度でしたが、ＷａｌｋＭｅの導入によって依頼から数時間程度という圧倒的なスピード感で、しかも改修コストを大幅に削減してサイトの改善が進められていると評価しています。

このサービスは単独のドメインでのサービスですが、コンシューマー向けのサービスを提供する企業では、複数のサブドメインのサイトを併用しているようなケースもあります。複数のサイトで提供されるサービスの間で相互に送客しあうようなガイドを実装するなど、コンシューマー向けサービスの高速な改善にもＤＡＰは役立てることができます。

4-4　導入事例③ ネスレ

三つ目の事例は、食品世界大手企業グループのネスレです。導入開始から1年半で２００以上のシステムにＷａｌｋＭｅを導入し、27万人の従業員が利用しています。その効果は１５０万時間以上の生産性向上、直近12ヶ月で50億円以上のコスト削減を実現しています。グローバルでも最も先進的なＤＡＰ導入事例です。

多くの日本企業と同様、デジタルフリクションに悩んでいた

驚異的なスピードでＤＡＰを展開しているネスレですが、多くの日本企業と同様の悩みを抱えていました。従業員が新しいシステムの導入に消極的だという問題です。膨大な数の操作がわからず、時間がかかりすぎたり、システムの利用を諦めることがありました。ミッションクリティカルなシステムを使わずコンプライアンス上問題になるようなこともあったのです。その結果、デジタル投資の費用対効果を十分に上げることができていませんでした。事前のトレーニングをしてもシステムを使い始めるときには使い方を忘れてしまっているし、マニュアルを作っても見てもらえません。そもそもの数が多いのでマニュアルのメンテナンスも大変なコストと作業量が発生します。

6週間のグローバルロールアウトの手段としてDAPを導入

こうした課題を解決するためのソリューションとして、ネスレではＤＡＰの導入を決

めました。まず最初に、2021年第3四半期に人事システムをクラウドソリューションのSAP SuccessFactorsに移行した際にWalkMeを適用し、わずか6週間でグローバルロールアウトを実現しました。

ちなみに私は、最初に人事システムへDAPを導入するのは全社展開を見据えたときのベストプラクティスの一つだと考えています。理由は、人事システムはすべての従業員が使うものなので、すべてのPCにWalkMeのブラウザ拡張機能を入れることになるからです。少し技術的な話になりますが、全PCに拡張機能を入れることで、全システムを対象にどのシステムを誰がどれぐらい利用しているかをモニタリングするDiscoveryを使うことができ、次の一手をデータに基づいて打つことが可能となります。

また、ネスレではデジタルハブであるWorkstationを導入して、採用者のオンボーディングタスクをすべてWorkstation上で完結できるようにしました。その結果、タスクの完了率が200%上昇し、オンボーディング関連のサポートチケットが70%減少するという効果が得られました。

その後1年で80以上のシステムにWalkMeを導入しています。1ヶ月あたり6～7システムで導入を開始している計算になりますので、相当な速度です。

業務部門も巻き込んだＣｏＥが展開を推進

それを可能にしたのが、導入プロジェクトの初期からＣｏＥを構築し、進めてきた推進体制です。短時間で効果を出すためのアプローチとして、３つのフェーズに分けてＣｏＥの機能を進化させてきました（図４－５）。

最初の「Emerging」のフェーズは、ＣｏＥを構築して、社内のシステムの全体像とＤＡＰ導入の順序を検討し、全体のフレームワークを決めました。そして最初のユースケースとして、次のフェーズにつながりやすい、早期に成功体験が得られるシステムという視点で導入の計画を立てて実行しました。

次の「Scaling」のフェーズは、80以上のシステムにＤＡＰを拡げていくための施策です。多数のシステムに導入していくにはＣｏＥやＩＴ・ＤＸ部門だけではマンパワーが足りませんから、業務部門の担当者が自らＤＡＰでＵＩ／ＵＸの改修ができるように市民開発者育成プログラムで巻き込んでいます。さらに、改善の目的はビジネスプロセスの効率化であるということを念頭に置き、どのプロセスを改修していくのかにフォーカスして推進を進めています。

最後の「Formalizing」のフェーズは、企業全体のビジネス価値をターゲットにし

図4-5 CoEによるDAP展開アプローチ

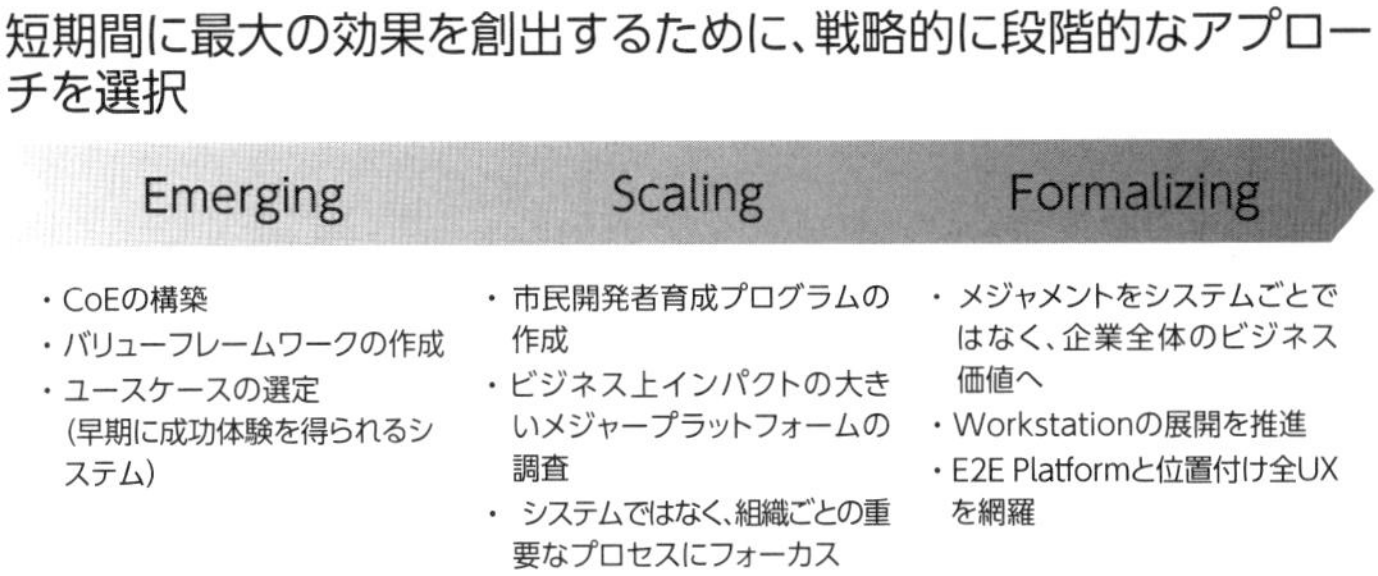

短期間に最大の効果を創出するために、戦略的に段階的なアプローチを選択

Emerging	Scaling	Formalizing
・CoEの構築 ・バリューフレームワークの作成 ・ユースケースの選定（早期に成功体験を得られるシステム）	・市民開発者育成プログラムの作成 ・ビジネス上インパクトの大きいメジャープラットフォームの調査 ・システムではなく、組織ごとの重要なプロセスにフォーカス	・メジャメントをシステムごとではなく、企業全体のビジネス価値へ ・Workstationの展開を推進 ・E2E Platformと位置付け全UXを網羅

WalkMe作成

て、改めてDAPをEnd-to-Endのプラットフォームとして位置付け、すべてのシステムのUI／UXを網羅した導入を進めています。

現在はWorkstationを全社展開しており、ユーザーはWorkstationをすべての起点にして業務プロセスを選ぶことで必要なシステムに迷わずアクセスできる仕組みが構築されています。Workstationから IT・DX部門に対してチケットを発行して対応を依頼することもできます。依頼を受けたIT・DX部門ではWalkMeの分析機能を使用して問題点を特定し、必要な改善を実施します。また、常時システムごとの稼働状況をデータとして蓄積し、分

図 4-6　ネスレの DAP 推進体制

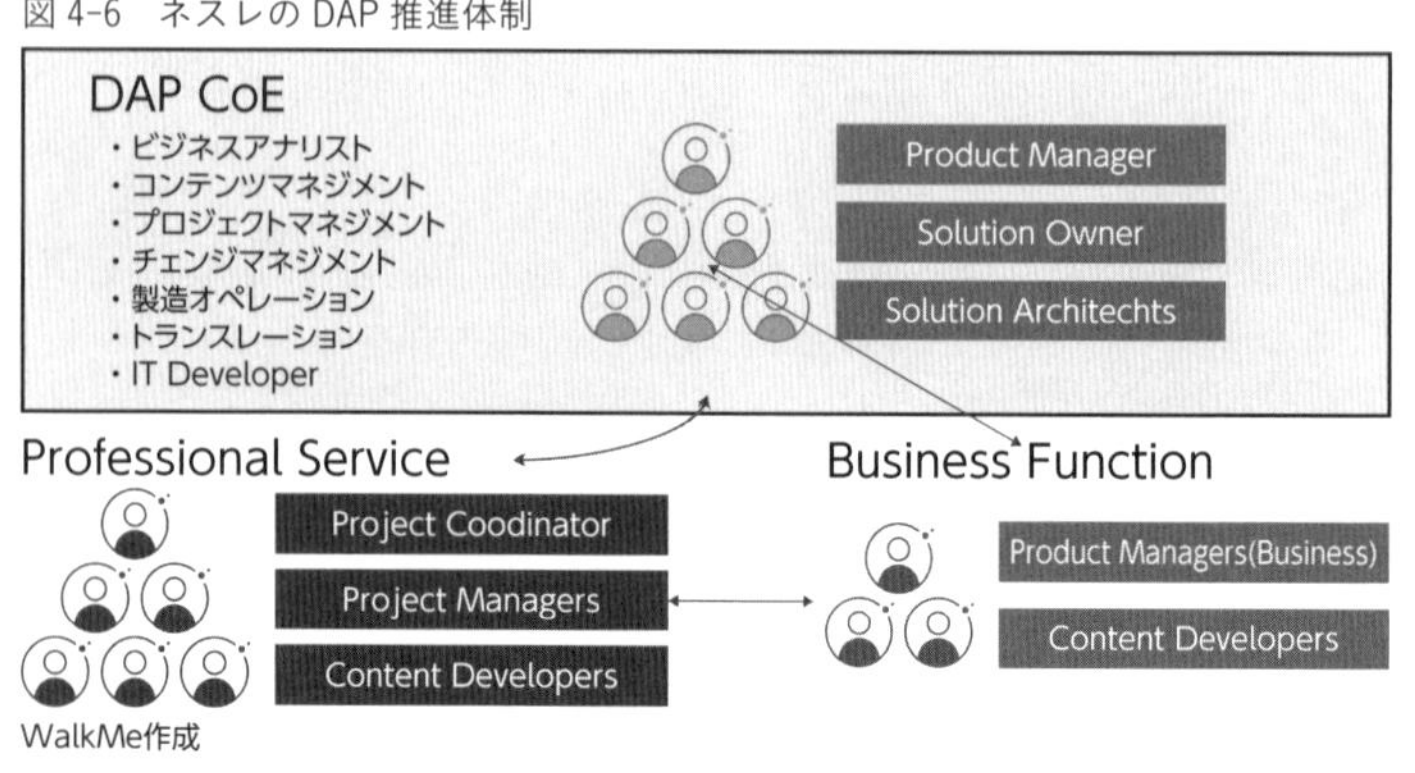

析することで、ユーザーからの依頼を待たずにプロアクティブな改善を実行していくこともできます。

その結果、業務部門でシステムが使えないことにより発生していた非効率な時間や、IT・DX部門が問い合わせに対応していた時間、あるいはマニュアルの整備に費やしていた時間などが大幅に削減されて、最初に述べた150万時間以上の創出につながっています。

CoEには、継続的にKPIをモニタリングして改善箇所を特定し打ち手を決めるDAPマネージャーを中心に、業務がわかるエキスパートと各システムの責任者であるソリューションオーナーの両方が加わり、さらに外部のエキスパートも複数名が参画しています。なおかつ、Workstationをユーザーと IT・DX部門の接点として、データドリブンに課題を可視化し、PDCAサイクルを回していく体制ができあがっています（図4－6）。

DAPの導入により、ネスレは従来まで測定できなかったプロセスごとのシステムの利用状況と問題点を可視化して、ユーザージャーニーを把握できました。DAPによる自動化、UI／UX改善や業務プロセスの見直しを行いながら、KPIの設定と測定結果に基づき改善を繰り返すデータドリブンのオペレーションモデルを採用できたのです。低かったシステムの利用率もWalkMeによるUI／UXやナビゲーションの向上で利用が定着して、満足度も高くなりました。また、サポート依頼が93％も削減されたことで、サポートチームはプロアクティブなユーザーの課題解決に時間を使えるようになり、好循環が生まれました。

全社で進めるDX

DAPを導入することによる効果の一つは、従業員がデジタル変革にポジティブになることです。デジタルフリクションに阻害されてシステムを使いたくない、新しいツールは入れたくないという思いをしていた人たちが、ＤＡＰによって障害が取り払われることで、新しいツールを入れれば生産性が上がると考えるようになります。ネスレの場合はさらに、教育プログラムを通して、社内のどの部門でもノーコードツールを使ってＵＩ／ＵＸの問題を解決できるようになっています。デジタルの力で業務を改革するＤＸを、すべての部門が主役で進めることができるようになったのです。

ネスレが最初に抱えていた課題は多くの日本企業とも共通しています。わずか1年で、すべての組織をＤＸ推進組織に変えたネスレのＤＡＰ戦略は、ＤＸ成功のための道筋を模索する多くの企業にとって、解の一つとなるのではないかと思います。

WalkMeのROI

ＷａｌｋＭｅを導入した場合、どれぐらいのＲＯＩが期待できるのでしょうか。実は、第三者として、ＩＤＣが「ＷａｌｋＭｅのビジネス価値」という調査レポートを発表しています。

ＩＤＣは、ＷａｌｋＭｅの顧客である8社へのインタビューを行い、知り得た定量的／定性的データに基づき、３年間のＲＯＩが４９４％になると算出しています。また、

図4-7　WalkMe の ROI

3年間で494%のROIを平均的に実現、DAPへの投資回収も半年経たず実現されている

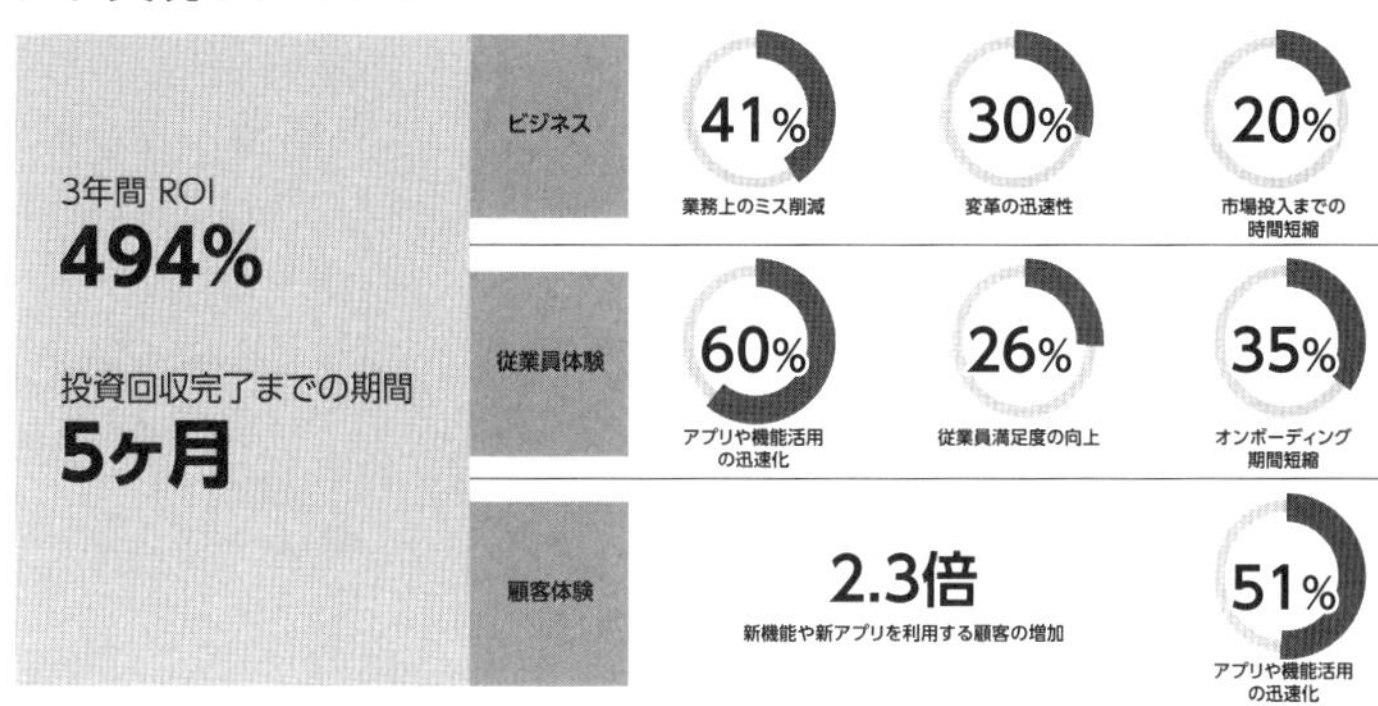

IDC「The Business Value of WalkMe」2023

もう一つ注目すべき点は、投資回収完了までの期間が5ヶ月という非常に短い期間ということです（図4－7）。

例えば、社内に関するものとしては、変革の迅速性（30％改善）、市場投入までの時間短縮（20％改善）といったビジネス自体に関する部分や、従業員満足度（26％改善）やオンボーディング（新人の教育）期間短縮（35％改善）といった、顧客向けのシステムにおいてＷａｌｋＭｅを適用した場合には、新機能や新アプリを利用する顧客の増加（2・3倍）や、機能活用の迅速化（51％改善）が実現されています。

CHAPTER

5

DAPの未来

「人」を競争優位性の源泉とするためのデジタル戦略

本書では、なぜ日本企業のDXは不完全なのか、完成させるために足りないピースは何なのかを考えてきました。

DXが70％失敗していると言われている中、今の日本企業のDXに欠けているのは、人とシステムの断絶を埋める活動であり、具体的には、デジタルフリクション解消、チェンジマネジメントであると指摘しました。

そして、その不完全性を埋めるラストピースはDAPです。

システム利用者は、PCを開いた瞬間から始まるデジタルUX全体で、システムではなく業務に集中し、会社の変革意思に沿って必要なアクションが可能となります。

事業部門のマネジメントにとっては、自らの意思の通りに現場のメンバーを動かすチェンジマネジメントツールとして、自部門の変革の成功確率を上げられます。

CIO／CDO、IT・DX部門は、利用者にとってのデジタルフリクション解消とチェンジマネジメントをプロアクティブに支援できます。これまで不可能だった、事業部門へのDX支援活動自体がDXされ、IT・DX部門自体が変革されます（図5－1）。

図 5-1 あらゆる部門の DX を支える IT・DX 部門の DX（再掲）

変革の対象	課題
あらゆる部門のDX	・**デジタルフリクション（摩擦）** ・**チェンジマネジメント欠如** - システム導入プロジェクトマネジメントは存在しても、**人や組織を動かす、変革のチェンジマネジメントが存在しない**
IT・DX部門のDX	・ゴールは、変革の成功ではなく、**システムのローンチになりがち** ・ビジネス環境・戦略・業務等が頻繁に変化する環境において、IT・DX部門はアジリティを持って、事業部門の変革を支える必要があるが、**それを実現するテクノロジーがなかった**

WalkMe作成

図 5-2 DAP が満たす要件（再掲）

前提条件	・PCを開いた瞬間からのデジタルUX全体を対象としている ・全社のプラットフォームとなりうるエンタープライズ要件を満たしている
プロセス	1.何が問題なのかが理解できる 2.問題を解決するための打ち手をスムーズに実装できる （デジタルフリクション解消・チェンジマネジメントを推進できる） 3.実装した打ち手を評価し、高速にPDCAを回すことができる

WalkMe作成

ＤＡＰにより、「人」とシステムのインタフェースを再設計し、「人」を競争優位性の源泉とする戦略を描くことが可能となるのです。

そして、ＤＡＰが満たす要件として次の前提条件とプロセスを定義しました（図５－２）。

前提条件

・ＰＣを開いた瞬間からのデジタルＵＸ全体を対象としている

・全社のプラットフォームとなりうるエンタープライズ要件を満たしている

プロセス

1．何が問題なのかが理解できる

2．問題を解決するための打ち手をスムーズに実装できる（デジタルフリクション解消・チェンジマネジメントを推進できる）

3．実装した打ち手を評価し、高速にＰＤＣＡを回すことができる

よく見るとわかるように、この要件自体は非常に抽象的なことです。前提条件は、範囲は全体をカバーしなくてはいけない、その際、全社での使用に耐えうるものでなければ

ばならない、というだけのものです。

プロセスとしても、問題に関しては、「デジタルフリクション解消、チェンジマネジメント」と特定し、スピード感については「高速で」という但し書きがあるものの、問題を理解し、手を打って、振り返る、という極めて当たり前のことです。

DAPの中心となる考え方は、このように抽象的なもので、その目的に沿ってさらに効率的に・効果的に進められるように、DAP自身も進化していけるのです。

つまり、テクノロジーの進歩に従って、技術的な構成要素は変わっていく可能性があります。ここでは、その可能性を見ていきましょう。

AIで変わるデジタル環境とDAPの役割

今、組織のデジタル環境はAIによって急速な変貌を遂げつつあります。ガートナーは「2026年までに40%の組織がDAPに組み込まれた生成AIを利用して、新しいワークフローを従業員に提供する」と予測しており、DAPとAIの組み合わせに関し、非常に高い期待が持たれています。というのも、DAPのように常にユーザーを見守っていて支援するツールがAIとの間のコミュニケーションも取り持つことで、ユーザーは常にＡＩと対話できることになります。またその際、ＡＩに必要な情報を、それまでの操作の流れから文脈を読み取った上でＤＡＰがインプットしたり、ＡＩのアウトプットを画面上でユーザーにわかりやすく示すことで、ＡＩ単独で利用する場合より大きな効果が期待できます。

実はＡＩを用いたＤＡＰ活用は、すでに現場で実践的に始まっています。ＡＩの進歩、及び、ＡＩのユースケースの進歩が非常に早く、すぐに陳腐化してしまう可能性があったため、本書では意図的に前章まであまり取り上げてきませんでした。とはいえ、ここであえて触れたいと思います。

ＷａｌｋＭｅでは、「Powered by AI」と「For AI」という二つの考え方をしています。Powerd by AIは、ＡＩによるＷａｌｋＭｅの強化、For AIはＷａｌｋＭｅによるＡＩ活用の強化です。

Powered by AIの方は急ピッチで開発を進めており、すでに実装済みの機能も存在します。

例えば、「ＡＩバリデーション」では、これまでの正規表現などではなく、自然な日本語での記載で、入力項目のチェックが可能となります。

業務プロセスの要所をＡＩがアシストしてくれる仕組みもあります。「ＡＩアンサー」は会話形式で、質問に対する答えを探した上で整理して回答したり、顧客情報も要約して教えてくれたりします。例えば、「Ａという顧客の情報を知りたい」といえば、どこを探すかを指定しなくてもSalesforceの中から必要なレコードを検索してくれます。「Text to Action」は、対話型の自動処理です。例えば「Ｂという顧客と新規の商談が始まった」と伝えると、日付や商談規模などをチャットボットが尋ねてくれて、答えると、Salesforceのレコードを作成したりカレンダーにスケジュールを入力したりという操作をワンストップで実行します。

このように、エンドユーザーがシステムを使うときに、あるいは、管理者がガイダンスを構築するときに便利になるようにＡＩを利用した機能は２０２４年段階ですでにリリースされています。また、ＡＩにより分析機能がより高度化され、問題箇所の特定や解決方法の提案もあります。実は問題箇所の特定に関しては、ＷａｌｋＭｅの歴史の中で触れたDeepUI技術を用いて２０１８年からＷａｌｋＭｅの中ではＡＩがすでに使われていました。解決方法としてのＷａｌｋＭｅ実装案の提案についてはこれからという面がありますが、どのように解決すべきかという提案はすぐにでも出そうですし、さらにはその実装自体もＡＩが実現する世界が来るのではないかと想像します。

For AIの方でわかりやすい例は、生成ＡＩのプロンプト作成のガイドです。欲しい答えが得やすいように、生成ＡＩに期待する役割やペルソナを設定して、会話の目的を指定させることで、品質が高い回答が得やすいように対話をガイドします。例えば、営業担当者がお客さん先に訪問する際に、営業マネージャーにコーチングを受けるようなシチュエーションを設定し、その中で最大限に活用できるようにします。この例で言うと、お客様の業界、お会いする方の部門・役職、何回目の訪問か等をＡＩに伝えるようなフォーマットを用意しておき、その次に、有用な参考資料、次回の理想的なアジェンダ、キーメッセージ等の質問内容も選択します。その上で、プロンプトエンジニアリングを利用した形で一度ＡＩツールに質問を投げ、回答をもらい、ＡＩツールとの間である程度の情報共有ができた状態でＱ＆Ａを続けてもらう、というようなやり方です。

このケースでは、ＤＡＰは、生成ＡＩの非常に高い自由度をあえて下げることで、特にリテラシーが高くないユーザーが現実的にＡＩツールを利用できるように支援してい

図 5-3　生成 AI ツールへの WalkMe の適用イメージ

WalkMe作成

ます（図５－３）。

　また、生成ＡＩを導入したサービスが増えてくると、間違った利用で意図しない情報漏洩を引き起こすことがあります。ＷａｌｋＭｅは非公認のＡＩ導入アプリを利用しているユーザーを発見して強制停止したり、会社公認のツールに誘導し、安全な利用を促します。これを我々はガードレールと言っています。

　私が個人的に非常に期待しているのが業務プロセスへのＡＩの埋め込みです。ＷａｌｋＭｅによるナビゲーションの中にＡＩが組み込まれて、常にユーザーの操作や画面を見ていて、他のシステムと協調して業務プロセスを実行します。すでに図５－４

図 5-4　AI 組み込みプロセス例

営業担当者がお客様からメール受信し、対応する社内処理を進めている

1. 営業担当者はA社からメールを受信しました。内容は少し深刻で、「自社が提示している価格よりも半額ぐらいの価格で、競合他社が営業攻勢をかけている」というものでした。
2. 受信したメールはWalkMeが自動的に生成AIに内容を引き渡します。すると、ユーザーは何もしなくとも生成AIが内容を理解して、「コンペに負けるリスクがあります」とアラートを出します。
3. 営業担当者は自社も値引きが必要だと考え、生成AIに対して値引きのポリシーを質問します。
4. WalkMeが自社の値引きポリシーと値引き申請画面へのリンクを表示します。
5. 値引きポリシーを読んで理解し、20%の値引きを申請することを決めて「値引き申請」画面を開きます。
6. 申請画面には、お客様の情報や現在の見積、関係するSalesforceのアイテムなどの情報がすでにWalkMeによって転記されています。
7. 申請理由を入力します。不十分な点については生成AIが質問して情報を補い、申請が作成されます。
8. メール作成画面に戻り、「20%値引きできます」と入力して、生成AIに適切なビジネスメールの文面に修正するよう指示します。
9. 生成AIが作成した文面を確認し、メールを送信します。

WalkMe作成

のようなことをすぐに実現できます。

このシナリオは、営業担当者がお客様からメールを受信し対応する社内処理を進めるもので、自然な業務の中に生成ＡＩが入り込んでいる例です。

各システムの画面上に出現するＷａｌｋＭｅが、ＡＩとのインタラクションを取り持ち、複数のシステムを最小限の遷移回数で抑えて、より自然な業務フローを実現しています。

しかし、これをユーザーが自分だけで実施するのはなかなか困難です。まず、生成ＡＩからアラートを受け取るために、メールの文章をコピーして生成ＡＩに入力し、生成ＡＩの判断を確認する必要がありま

図5-5　DAPによる業務プロセスへのAI埋め込み

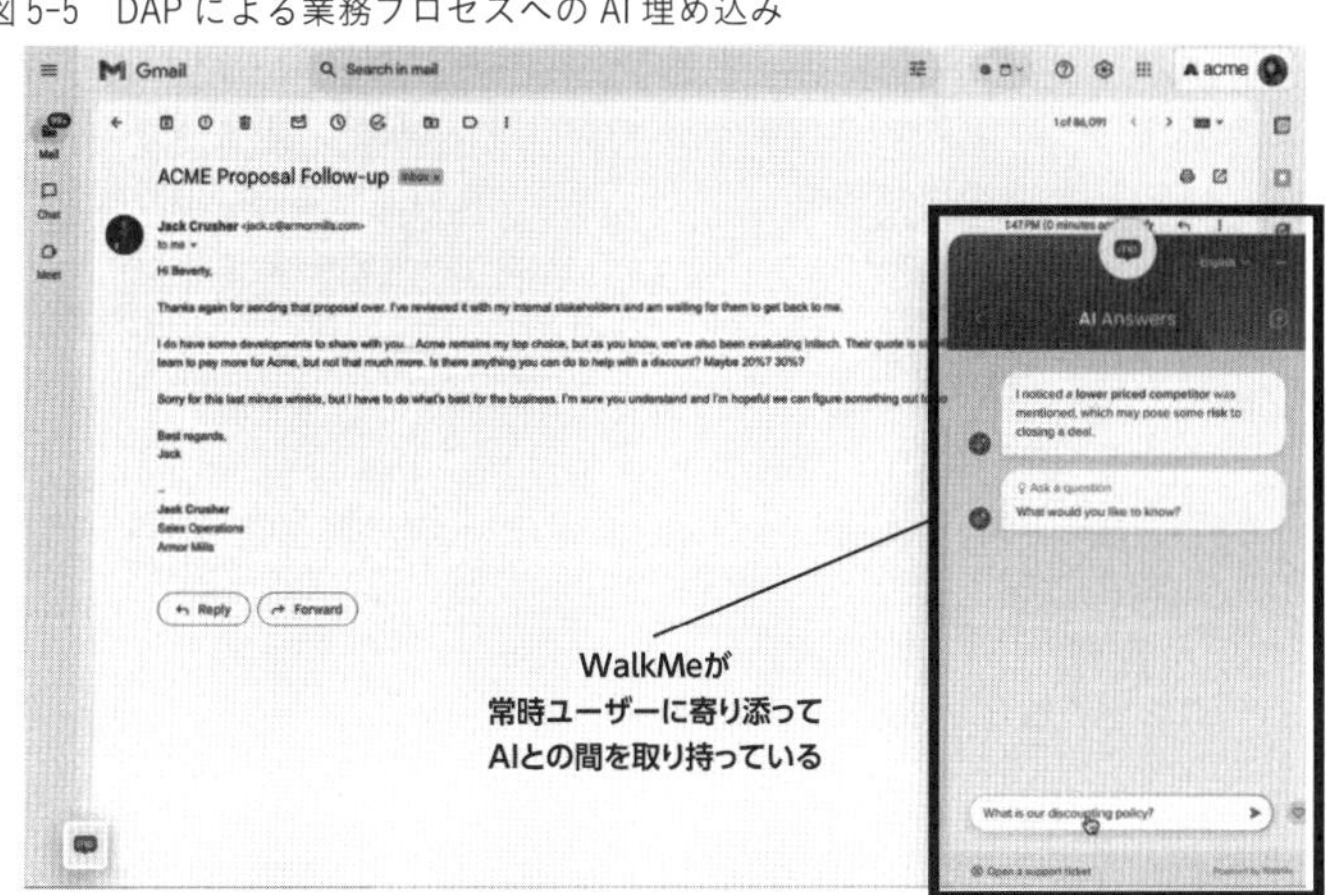

WalkMe作成

す。これをシステムの操作マニュアルに加え、業務マニュアルを片手に実施するのは大変そうです。

生成AIがアラートを出したら、次に何をするか考え、値引きポリシーの文書を探し今回のケースでは大丈夫なことを確認し、値引き申請システムへのリンクを見つけ出し、申請が終わったら再度メールを立ち上げて、文面を作成させるために生成AIを立ち上げる。このように複数のシステムと生成AIを行き来しながら業務を進める必要があります。この導線でユーザーが迷わず実行できるかというと甚だ疑問です。

一方、WalkMeがある場合は、ユー

図 5-6　AI 組み込み業務への DAP 適用イメージ

AIツールを独立に利用する場合に比べ、DAPを利用しプロセスに埋め込んだ場合ユーザーが行き来するシステム数は大きく減少

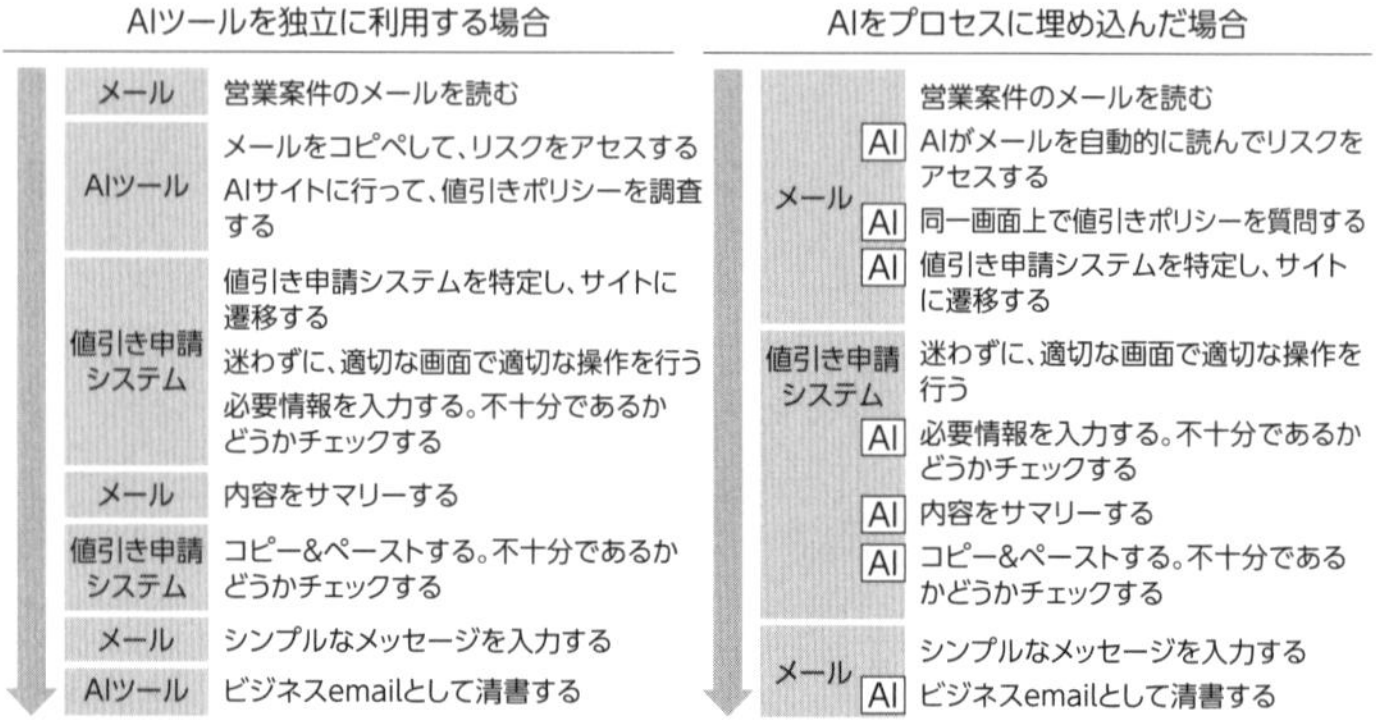

AIツールを独立に利用する場合

システム	作業
メール	営業案件のメールを読む
AIツール	メールをコピペして、リスクをアセスする AIサイトに行って、値引きポリシーを調査する
値引き申請システム	値引き申請システムを特定し、サイトに遷移する 迷わずに、適切な画面で適切な操作を行う 必要情報を入力する。不十分であるかどうかチェックする
メール	内容をサマリーする
値引き申請システム	コピー&ペーストする。不十分であるかどうかチェックする
メール	シンプルなメッセージを入力する
AIツール	ビジネスemailとして清書する

AIをプロセスに埋め込んだ場合

システム		作業
メール		営業案件のメールを読む
	AI	AIがメールを自動的に読んでリスクをアセスする
	AI	同一画面上で値引きポリシーを質問する
	AI	値引き申請システムを特定し、サイトに遷移する
値引き申請システム		迷わずに、適切な画面で適切な操作を行う
	AI	必要情報を入力する。不十分であるかどうかチェックする
	AI	内容をサマリーする
	AI	コピー&ペーストする。不十分であるかどうかチェックする
メール		シンプルなメッセージを入力する
	AI	ビジネスemailとして清書する

WalkMe作成

ザーが業務を行っている間、常にＷａｌｋＭｅは画面上に存在し、必要に応じてその画面内を自動的にチェックしアラートを出し、ユーザーが何か気になることがあるときはＷａｌｋＭｅに質問や依頼をするだけで、生成ＡＩシステムに切り替えることなく目的を達成できるようになります（図５－５、図５－６）。

この例のように、自社にとって効果が出るように、かつ、ユーザーにＷａｌｋＭｅが伴走する業務フローを提供することが、企業の競争力につながります。ＤＡＰはそれを可能とするのです。

ＤＡＰはシステムと人間の間を取り持ちシステムから人間への寄り添いを実現しま

すが、AIと組み合わせることによってDAPはさらに人間の意図を理解して引き出す力を持ちます。これがおそらく未来のDAPの役割で、人間が思い通りに操作できるシステムから、人間の意図を正確に解釈して必要なものを差し出す、また人間が気づいていないことも優しく気づかせてくれる、できる秘書や執事のような存在にシステムを変えていくのだと思っています。

人間の役割とシステムの役割の再定義

人間の意図を解釈するところまで進化したDAPによってシステムが最適化されると、デジタルフリクションが解消するだけでなく、人間はシステムに任せられることはどんどん任せていく世界が実現するでしょう。そのときの人間の役割はどうなるのでしょうか。

私がかつて大学院で人工知能の研究をしていたときに感じたのが、「人間は世界のランダム的な要素だ」ということでした（この部分だけ切り出すと非常にチープに聞こえるかと思いますが、恥を承知であえて言い切ってみます）。並んだ選択肢の中から、状況に適したものを一つ選ぶのは、最適化されたAIの方が得意です。人間はどちらかというと、並べる選択肢を増やす、あるいはＡＩと全く違う選択をして、状況次第では実はこちらがよかったという発見をする、フロンティアを追い求める存在になるべきだと考えています。

そのアナロジーで考えると、人間の役割は、システムにできることはシステムに任せて、今までになかった新たな状況への対処や、蓄積されたデータをもとにした新たな解釈や発想でチャレンジすることになるのではないでしょうか。現場の人であれば、例えばもっと付加価値の高いチャレンジや、あるいは今まで十分にケアできなかったお客様の対応に注力することができるようになるでしょうし、経営者はオリジナリティを持って、ビジネスの地平を切り開いていくことができるようになるのだと思います。ＣＩＯやＣＤＯも、システムをどう社内に展開するかということはＤＡＰに任せて、ビジネスモデルにインパクトを与えるデジタルの仕組みを考えることに注力できます。ＤＡＰでデジタルフリクションを極限までゼロに近づけチェンジマネジメントを加速させることは、企業の競争力にストレートにつながるのです。

もちろん近年のＡＩの進歩を考えると、ここで述べたこと自体をＡＩがすべてカバーする可能性も高いと考えています。ただ、人間は常にフロンティアを追い求める存在であるべきだと思います。

IT・DX部門によるDXOpsの実現

開発と運用を組み合わせた造語でDevOpsというものがあります。DevOpsが生まれた背景には、開発現場におけるチーム間の対立があったと言われています。DevOpsが出現する前は、多くのソフトウェアの開発現場では、機能開発の担当である開発（Dev）チームと、運用担当である運用（Ops）チームに分かれていました。Devチームは新機能追加をミッションとし、Opsチームは環境の安定運用に責任を持っているため、それぞれの狙いが異なり、それが意見の対立を生む原因となっていました。

それに対して、開発（Dev）チームと運用（Ops）チームが緊密に連携・協力して、人、手法、ツールを連携することによって、DevとOpsのサイロ化を解消します。それにより、小さな改善を頻繁にリリースして評価することが可能となりました。

DevOpsに続き、たくさんのxOpsが出現しました。DataOps、MlOps、AIOpsなど多数あります。

いずれも前段の企画・開発と後のオペレーションがサイロ化されないようにお互いのチームが協力し（必要であれば同一人物・チームが担当し）、一連のプロセスの最初から最後までカバーした上で高速に改善していくものです。

DXの文脈で言うと、現在ではシステム稼働前と稼働後で体制を変えていることがほとんどで、それ以降の短いサイクルでの改善活動はなかなか難しい状況です。しかし、DAPという共通の考え方とツールを利用することによって、小さな改善を頻繁にリリースして評価するDXOpsが可能になるのです。これにより、ともすればプロジェクトのゴールと勘違いされがちなシステム導入を越えて、デジタルフリクション解消とチェンジマネジメントを実現しDXのゴールを目指すことができると考えています。

欧米のCIO／CDOが考えるように、デジタルによって企業の競争力を強くするためには、システムを導入して終わりではなく、稼働後にDXの目的達成のための継続した改善活動が必須です。DAPは、日本企業のIT・DX部門が変わるためのツールでもあるのです。

DAPを巡るエコシステムの拡大

ここまでDAPを巡る登場人物は、WalkMeなどのDAPベンダーとお客様でした。しかし、よく考えてみると、他にもいらっしゃいます。

存在感が大きいのはパートナー企業様です。DAPの導入を行う際、お客様の相談にのったり、初期の構築から後の伴走までを行ってくださいます。日本の中でDAPのニーズは非常に高まってきているため、どうしても我々の人員だけではすべて対応しきれません。そのような状況では、パートナー企業様は不可欠の存在です。また、パートナー企業様の中には業界別のチームを持たれているところも多いため、我々のDAPのナレッジと、パートナー企業様の業界別のナレッジを組み合わせるような形で最高の価値を提供できると考えています。

パートナー企業様にとってのDAPの価値は何でしょうか。代表的なものは三つあると思います。①ライセンス販売や構築プロジェクトの売上、②お客様への提案の高度化、③DXプロジェクトの成功確率向上・効果の最大化です。

①は直感的にもわかりやすいでしょう。②のお客様への提案の高度化は、お客様への提案時により提案の付加価値を高めますし、もしかしたら競合他社に対する差別化要素となりうるでしょう。③はその提案を実現するためのプロジェクトを実施しているタイ

ミングでの話です。このタイミングでは、お客様と同様に変革をどう成功させるかという視点で活動しているはずなので、その変革促進プラットフォームとしてＤＡＰは非常に有用になると思います。特に、システムのグローバル展開や、全社ＤＸ活動支援などの場合には、成功に導くために必須のものとなるでしょう。

最後に、しかし最も重要な登場人物としては、ＤＡＰにかかわる個人としての皆様です。ＷａｌｋＭｅは、日本法人立ち上げ当初からユーザーコミュニティの重要性に注目しており、自社主催のユーザー会をすぐに開始しました。ユーザーの皆様全体を対象とした会もあれば、同じ課題を持つ方々同士をつなげるために対象システム別の会も開いています。ここでは、ユーザーの皆様同士の悩みやその解決方法を共有し合うことで、良い刺激を与え合っています。そして今では、ユーザー様主催のユーザー会も開かれていてコミュニティは活性化する一方です。

また、ＤＡＰプロフェッショナルとして、自身のキャリアを切り開くツールとしても活用可能です。欧米ではすでにＤＡＰプロフェッショナルとして、企業から企業を渡り歩くような方も出てきています。そして日本でも、ＷａｌｋＭｅを起点として転職される方が出てきています。

我々としましても、どんどんDAPにかかわりたいと思う方を増やし、DAPを巡るエコシステムを日本の中でもどんどん拡大していきたいと考えています。

社会のデジタルフリクションを解消する

ここまでの話は主に企業がデジタルフリクションの解消を目的としてDAPを導入することを念頭に置いていました。少し視点を変えると、私たちの社会にもデジタルフリクションはあふれています。

スマートフォンが普及して、店頭での買い物もスマホ決済で済ませられるようになりました。ファミリーレストランに行けば、注文は机上のタブレットです。使いこなす人がいる一方で、特に高齢者を中心としてデジタルが苦手な人たちは、タブレットの使い方がわからず外食ができなかったり、決済アプリの使い方がわからずレジで立ち往生してしまったりということが増えてきています。

行政の手続きもデジタル化が進んでいます。確定申告を電子化するe－Taxや、住民票、健康保険、年金などの手続きのオンライン化も進められています。しかし実際は使い方がわかりづらく、結局は窓口に出向く方が早いという経験をした人も多いのではないでしょうか。オンライン化が進まず窓口業務を維持し続ける必要があるのでは効率化につながらず、デジタルとアナログの仕組みを二重に維持するために税金が使われることになります。その負担は結局生活者が負うことになります。

デジタルネイティブと言われる若い世代の人たちにしても、普段使っているアプリやスマホは使えても、「普段使っていないアプリの使い方はわからない」「AndroidとiPhone、機種が違うと操作がわからなくなる」という人はたくさんいます。操作が変わることが嫌でアプリのバージョンアップを避けて最新の機能を使えない人、良さそうなアプリがあっても乗り換えられず、恩恵を受けられない人もいるでしょう。すでに使いこなしているアプリやサービスでも、「もっとここを変えれば使いやすくなるのに」とフラストレーションを溜めている人もいるはずです。

社会の仕組みの中にデジタルが取り入れられていくのは、少子高齢化による労働力不足を補うための必然です。加えて、顧客との接点をデジタル化してデータドリブン経営を目指す企業の意向や、行政改革の旗印のもと生産性を上げなくてはいけない行政の都合があります。そのために生活の中に入り込んだデジタルの仕組みを、生活者が使いこなすことができなくて困ったり、不満を溜めてしまうのは本末転倒な状態とは言えないでしょうか。

海外の公共セクターでは、DAPを導入してユーザーのデジタルフリクションを解消している事例があります。例えば米国・アイオワ州では、アルコール販売ライセンスの新規・更新処理のサポートにDAPを使用しています。小売店やレストランが年に一度だけログインするシステムで、40種類もあるライセンスの更新処理操作をDAPを利用してガイドを行うことで問い合わせを63％削減できました。カリフォルニア州では、運転免許証更新システムにDAPを導入しています。

DAPは、デジタル化する社会とすべての生活者を支援するプラットフォームとしての役割を担うことができると私は考えています。例えばスマートシティのプラットフォームにDAPが入るのはとても自然なことのように思います。スマートシティの基盤の上にDAPがオーバーレイされて、生成AIを取り込んだDAPにより自然言語による対話型のインタフェースが提供されている様子を想像してみましょう。住民は、進化し続けるシステムに翻弄されることなく「暮らすための営み」にフォーカスして仕組みを利用することができます。

ＤＸは70％が失敗していると言われています。しかし、ＢＰＲの例から歴史的にずっと変革が同程度失敗し続けている中で、ＤＸの今後に関して私は楽観的です。なぜならＤＸは人とシステムの接点を多く作ることができ、人のアクションを促すチャンスが多く、これまでの変革と比較して工夫次第では成功確率を上げやすいからです。

私は、これまでボトルネック要因であると考えられてきた「人」を、人とシステムのインタフェースを再設計することで、改善のレバーに変えられると考えています。デジタルは変革を後押しできるのです。

デジタルは人間をエンパワーメントするツールです。デジタルの側から人に寄り添い、インタフェースを再構築するＤＡＰは、人間の力をあらゆる場面で最大限に引き出し、人を幸せにして、社会の活力を高め、生産性を向上する、デジタル社会のプラットフォームとしても役割を果たすようになる。そんな未来があるように思います。

本書のまとめ

1．7割の企業がDXに失敗する理由は、デジタルフリクションにより人とシステムの断絶が発生しているから。加えて、人が変化を受け入れてビジネスゴールを達成できるように管理するチェンジマネジメントが欠けているから、である。

2．日本企業は、これまでこの二つの課題に気づいていなかった。そのため、取り組む明示的な主体がなかった。また、近しい活動をしていた場合も、効率的に進めるためのツールがなく現実的に困難だった。

3．DXを成功させるために必要な最後のピースがDAPである。DAPは、あらゆる事業部門のDXに対し、デジタルフリクション解消とチェンジマネジメントを実現し成功確率を上げる。また事業部門のDXを支援するIT・DX部門にとっては、DX活動自体をDXするためのツールである。

4．DAPの導入によって、CIO／CDOはアジリティを持ってプロアクティブに

ＤＸを推進するＩＴ・ＤＸ部門を実現できる。システムの価値を最大限引き出すことで競争優位性を獲得し、デジタル投資のＲＯＩを高めることができる。

5. 事業部門はＩＴ・ＤＸ部門と協力してシステム導入後もビジネスゴールを目指して改善できる。ＤＡＰによってマネジメントの意思を反映した働きかけでメンバーの行動を変え、ＤＸ成功の確率を上げられる。

6. デジタル化する社会においては、生活者のデジタルフリクション解消とチェンジマネジメントが必要であり、ＤＡＰはその役割を担うものである。

特別対談

1

経営層と対話し、ITを活用した業務改革を提案するのがCIOの役割

矢島 孝應
特定非営利活動法人 CIO Lounge理事長

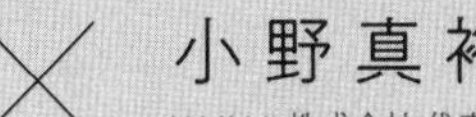

小野真裕
WalkMe株式会社 代表取締役

矢島 孝應（やじま たかお）／特定非営利活動法人 CIO Lounge理事長
元ヤンマー（株）取締役CIO ／パナソニック、三洋電機、ヤンマー 3社で情報システム責任者を経験。現在理事長を務めながら、数社の社外取締役や顧問等の立場で活動。
趣味はゴルフ（田辺CC、交野CC）ワイン（イタリア赤が好き）。

経営と事業とＩＴ、三位一体での改革を支援したい

小野　CIO Loungeという組織について、どういう思いで起こされたのか改めてお聞きしてもよろしいですか？

矢島　団体を作った趣旨は、日本企業においてＩＴやデジタル化が世界の中で遅れており、このままでは日本経済の発展が難しいと感じ、日本企業のＩＴ化の加速にお役立ちできないかと考えたことです。5年半ほど米国で仕事をし、同国と日本とでＩＴと経営の連携の仕方があまりにも違いすぎる、ここを埋めていかなければならないと痛感したことが背景にあります。ちなみに、この団体を立ち上げた際、自身でご支援いただくサポート企業に趣旨を理解いただくためには、ＩＴ関連企業のトップに自ら説明しない限り、思いは絶対理解してもらえないと思ったので、30社ほどの社長にアポをいただき説明にまわりました。

　米国はＩＴを使って経営をどのように変えていくかが経営者の大きな能力の柱のひとつですが、日本はＩＴ関連部門に任せっきりという印象。結果的にこの20年間、間違っ

た方向に進んでしまったなと思うことが色々とあります。かなり前に私が話していたことですが、企業の中には職能のランクが実はあって、情報システム部門が企業の中で重要視されない時代がかなり長くありました。

小野　そうなんですか？

矢島　いや今は違いますよね。もうだいぶ変わりましたが。社内でも地位が低いということは給料も上がらない。ここにベンダー企業やコンサル企業においては一般企業の情報システム技術者に比べ給料がどんどん上がっていくと。となると優秀な人はみなそちらにいってしまう。結果、国の中のSE（システムエンジニア）のIT企業とユーザー企業の比率が70対30となっています。日本以外を見ると、欧米では7割のSEが企業側にいるので、ベンダーさんから新しいテクノロジーを紹介していただくけれど、企業としてのIT化の戦略や実行は実質ユーザ企業自身で進めるという世界ですよね。

我々は企業経営者に対し、経営と事業とITは三位一体、三つのバランスを取ることが重要であり、一つが飛び出ていても、逆に一つが遅れていても安定した企業経営はできませんと言っているのですが、大抵どこも経営は取り組むけれど、事業はついていかなくて、ITはもっとついていけない、結果経営という柱が倒れてしまうというようなことが多々あります。だからそれを経営者にわかってもらいたいというのが、私たちがこの団体を立ち上げた一番の理由です。ノウハウを後輩、後進のためにできる限り伝承していこうというのが思いですね。

小野　三位一体の状態を引き上げていくにはどんなことが必要ですか。

矢島　経営者にＩＴデジタルの重要性をまず本当に理解してもらわないといけません。ということは彼らのマインドセットを変えていくという部分が、我々が力を入れて進めていかなければいけないところです。

一方、ベンダー企業もコンサル企業も良いソリューションが出てきても、導入する企業の推進者にわかるような説明がなかなかできていない。だから、今までの我々の経験を生かしその両者をつなぐ手伝いをすることが今日本で必要であると考えました。ＩＴベンダー企業、コンサル企業、ＳＩｅｒのトップに私が説明したのは、みんなでＩＴを活用するパイを広げようということです。現状のままの小さなパイをＩＴベンダー間で食い合うよりも、日本全体でデジタル化、ＩＴ化を進められれば、食べ切れないくらいのパイが生まれる。だから争う必要はないですということをＩＴ業界のトップに理解いただくように説明させていただきました。ＩＴデジタルを使って日本の企業、社会、経

矢島孝應氏

済をもっと広げていくために、我々の今までの経験を生かしてもらえれば、というのがスタートです。

小野　素晴らしいですね。今のお話の中で少し気になったのは、欧米と日本で7：3で人材の配置が違うという点です。米国の話を聞いてみると、ベンダーが何かを提案しても、実際企業側が自分達で手を動かしてやっていると。日本は、アウトソースが主で、社内からコントロールするため、かなりアジリティの差に出ているのではないかと思うんですね。アジリティを取り戻すということが重要なことではないかと思います。もしそれをやろうとするとどのような方法が望ましいでしょうか。

矢島　日本のＩＴ部門は、まずＣＩＯクラスがアーキテクトか、プラットフォームか、様々な言い方があるのは別として、今後はそういうところを推し進めていくのではないかと思います。余談ですが、私がヤンマーの取締役ＣＩＯのとき、退任する3年ほど前に、「ヤンマー全社員ＳＥ化」という方針を出しました。というのは、ＳＥが足らない。トラクターにセンサーを付けてデータを取って分析というようなこともやりだしたので、もう何人いても足らないわけです。だからもう、各々の部署がＩＴの活用やデータの利用を自分達でやってほしいという意味で、全社員ＳＥ化を打ち出したんです。ＩＴでできることは徹底的にやってくれという意味を込めて方針として打ち出しました。

ただし全社員でＩＴ化を進めていくためには、ガバナンスとプラットフォームの共通的な取り組みはＩＴ部門でなくてはならないと思います。ネットワークやセキュリティ、全体としての連携するデータベース、プラットフォームといった横串を刺して進めなければならない部分をマネジメントすることで、個々のソリューションは個々に任せて進めていくことが可能になります。

小野　最近の言葉で言うとＣｏＥみたいなもので、まとめながら開発をコントロールするということですね。

矢島　セントラライズするところと、ローカライズするところを両面で進めることにより、展開が広がっていくということです。

小野　CoE自体も立ち上げるのが難しいのですが、ただワークすると非常に有効なものなので、プラットフォーム化を進めると同時に組織するのが望ましいというのが我々としての考えです。実際にヤンマーのときはどのようにCoEを立ち上げられたのでしょうか。

矢島　そこでまた、日本企業の特徴に戻ってしまうのですが。戦後、縦割り組織でずっときてしまったために、CoEにして、横串を刺すということが弱い。みんな自分や自分の組織を守るから、横串を刺そうと思うとかなりの権限がないとできないというのが日本の組織なんですね。やはりこれからのポイントは、縦の組織権限をいかに横につなぐかということを、経営者、CEOが理解しているかということだと思います。

小野　たまたまですが先日IT系のイベントに参加して、多くのCIOの方のお話を聞いてきたのですが、やはりIT部門はいろんな業務部門のそれぞれの業務をわかった上でないと、現場の方を動かしていくことがなかなか難しいという話がありました。そのあたりはどうされたんですか。

矢島　自分の部下には、ボールを投げてこられたらすぐに打ち返さずに1回まず受けろと。それで検討してみてほしいと。

小野　信頼関係ですね。

自社の変えるべきところはどこで、変えてはいけない強みはどこか

小野　ちなみに歴史的な話になりますが、ERPやCRMが最初に出てきたときは説明の難しい謎のシステムだったかと思いますが、どうやって定着したんですか。

矢島　ERPは一つに集約したいという言葉に当初刺さったのではないかと思います。あの頃、「統合システムERPを導入したら、情報が全社で集約されるから、意思決定はすぐできます」という、ERPを導入さえすれば全社情報をリアルに把握して経営しての意思決定ができるという間違った情報を経営者に与えてしまった。情報を整理したいのか、プロセスを標準化して合わせたいのか、両方やりたいのか、これをまず整理しないと、ERPはできないですよね。でも経営者は、プロセスつまり業務の仕方は現

場で勝手にやっていても問題はない。しかし正確な情報を欲しいということであれば、業務のプロセス（仕方）を標準化しなくても、必要な情報の粒度と収集するタイミングを定義して、情報（データ）を集めれば良いのです。ところが、ERPを入れようと思うとまず仕事のやり方、つまり業務プロセスを合わせないと導入できない。これが日本の現場に導入することに現場が適合できず、日本でERPはものすごい苦労したんです。日本の現場は、現場の個々の力と知恵で強化し、強い現場を作り上げてきました。

小野　その状況はご著書（『CIO／IT責任者が語る、DX時代を打ち勝つための30の提言』ダイヤモンド社刊）でも書かれていましたね。やはりそこで世界から遅れが出たということですね。

矢島　遅れてしまいましたね。2000年ぐらいまでは良かったんです、日本は。戦後、現場力で、「俺がしっかりやってやる」「俺がこの工場を支えてやる」「営業現場を支えてやる」と言ってみんな努力してきた。それで日本はここまできたんです。でもERPなどは、その現場にかつての姿を潰せと言うわけで、それは無理な話です。

小野　それに関して、ご自身はどのように折り合いをつけられたんですか。

矢島　今の経営者にもよく言うのは、「2000年まで強かったのは事実ですよね」

と。それは否定できないと思います。わかりやすい例で言うと、トヨタにSAPのグローバルスタンダードな生産プロセスを持っていって、それが受け入れられるということは、「かんばん方式」「アンドン方式」をやめろと言うことなんです。彼らはそれが自分達のコアのやり方だと思っているわけですから、それを潰せと言っても意味はない。ただし、これからの社会状勢を考えた場合、変えないといけないところは変えなければならない。なぜなら、5年先、10年先にはリソース確保できなくなり、労働時間の制約もあって、誰でもできる仕事の形に変化させていかなければ、これからの会社はやっていけない。そのことは、経営者はみんなわかっているんです。ならば、「誰がやっても同じ業務で良いという業務と、絶対に企業の強みとして守るべき部分はどこか」といった、こういう整理をすることが重要です。

小野　自社の強みはどこかということを見極めた上で、それ以外のところはスタンダードにということですね。

矢島　ところが、言うのは簡単なんですが、どの企業もなかなかできない。なぜなら自分の会社の強みは何かがわからないんです。なぜならば、他社がどのように対応しているかを分析していないため、他と比べて自社の強みや弱みが何なのかがわからないから。

小野　そうすると、今度は逆に、最近のFit to Standardという言葉に沿って、猫も杓子も全部やれというのが本来良くない流れとも言えるでしょうか。

矢島　そうですね。例えば、おいしいハンバーグを作っている店があるとします。Fit to Standardでマクドナルドの方式を全部持ち込みましょうとなったら良さは消えてしまいます。

小野　ただ、先ほどのお話だと、スタンダードに合わせるところとそうじゃないところをちゃんと分ければ、合わせることに意味はあるということですよね。

矢島　絶対そうです。ましてや繰り返しになりますが、これからも日本はリソースが足らないので、企業間でも、競争しなくていいところはもうどんどん集約すべきです。

小野　手前味噌ですが、WalkMeはFit to Standardに非常に親和性が高く、それを推進したいというCIOの方には良い評判をいただいておりまして、今のお考えにはすごくマッチするなと思いました。

出自は様々なCIO、社内IT部門からの登用はわずか3割

小野　少し話が変わるのですが、CIO、CDO、CDIO、CDXO、いろんな肩書きがありますが、矢島さんの中でどのように整理されていますか。

矢島　ケースバイケースで、いろいろなところがありますよね。CIOがITやデジタル化に関することはすべて責任を持ってやっているところ、それぞれが明確に分かれていてそれぞれ独立してやっているところ、分かれているけれど、どちらかが上にいて束ねているまたは束ねる責任を持った人が明確にいるところ、この3パターンがあります。トップが役割の完全な明確化をできていないとものすごくやりづらいですね。

小野　私もそう思います。うまくまわっているところは、どのようにしているのか素朴に知りたいですね。つまりトップが明確にロールアンドレスポンシビリティで分けているということですか。

矢島　なかなか難しいと思います。時間軸が違うし、特に昔からずっとIT部門でやってきた人間というのは守りの部分が強いでしょう。野球で言ったら、守備範囲に受けら

れるフライが10本飛んできたら10本取って当たり前で、一つ落としたら何エラーしてるんだと怒られる。けれども、DXの世界では、チャレンジャーというような立場なので10回打席に立って2回ホームラン打てばあとは三振でも構わない。評価基準が全然違います。

小野　そういう意味ではCDOとCIOという立ち位置も違いますが、IT部門で育ってきた方はミスなく守らないとという世界なので、デジタルのプロジェクトをやるのは少し難しいということになりますか。

矢島　3年ほど前に200社ほどにヒアリングしたら、ずっとIT部門にいてCIOになったという人は三十数％しかいないんです。

小野　残りの割合はどうなっているのでしょうか。

矢島　他部門からが多いですね。また17～18％は他社からという構造になっています。経営者は、何か変革しなければと思っているから、外からという発想になるんでしょう。ずっと地道にやってきた人にそのまま任せるところは30%、3割しかないという世界になってしまっている。だから私はこの人たちに「君たちが駄目なんじゃないけど、自ら変革しなければならないよ。今までの延長線上で守りに入っていたら、経営からは必要ないと思われるよ」という話をします。小野さんがおっしゃるように、マインドの切り替えができないと厳しいでしょうね。ただ難しいのは、一部の人はネットワークやデータセンターやアプリケーションの夜中の運用などを実際問題として日々やっているわけです。彼らのモチベーションを保てないと、足元が弱くなってきますよね。

小野　適材適所が重要だとすると、そういった方々のモチベーションを落とすというのはリスクでしかないですね。

矢島　私もヤンマーのときは、10年間の日報を全部文字起こしして分析して、強い営業パターンをつくるとか、当時でいくと先進的なチャレンジをやらせてもらったんですが、当時まだ手作りの基幹システムが残っていて、その運用を日々やっているメンバーもたくさんいたので、彼らのモチベーションアップには相当気遣っていました。

小野　ちなみに先ほどの話で、他の部門から来る方がＣＩＯになった場合、その方たちの良さはどういうところですか。

矢島　自分で開発できる人間が上に行くわけではないし、技術をすべて見極めるわけでもない。何が会社の業務において有効的に動くかという判断をできて、様々な経験をした中で経営者と互角に話ができる、そのような人が担うことが多いですね。

著者

小野　業務がわかった上でITもわかるというのは、IT部門から上がっていったとしても理想的な像なのかなと思います。もしCIOになりたいという人がいたら、どのようなパスでいくのが理想的なCIOに近づけるでしょうか。

矢島　私は、IT部門に所属したらいいと思うんですよ。何でも勉強できるから。それにどこにでも行けるんです。工場に行こうと思えば行けるし、営業にも行けるし、海外の販売部門や生産部門にも行ける。そのような意味では、一番勉強できるところだと思います。

小野　結局自らのマインドや向上心ということですね。

「日本の常識が世界の非常識的」を理解して変えていけるか

小野　CIO Loungeには現在多くの企業の方が参加されており、その属性も様々だと思いますが、今後どのように進めていかれますか。

矢島　CIO Loungeは発足当初、製造業のＣＩＯメンバーが集まってスタートしました。特に関西は東大阪、堺、枚方などに工業団地があって、企業規模は大きくないけれど卓越した技術力、商品力を持っているんです。ですが、このまま10年経営できるかと言ったらできないということで、それを助けたいという気持ちで始めたのですが、現在様々な方面から問い合わせが増えています。

小野　製造業以外も増えてきたということですか。

矢島　例えば病院、学校法人、放送局等、私が予想もしなかったところから相談がきていますね。

小野　どのような内容の相談ですか。

矢島　表現が難しいのですが、多くがＩＴ部門が弱い業界です。先に述べた業界では、

ＩＴ部門の位置付けがとても低いケースが多かったのですが、最近は重要な位置付けになってきています。病院はまさにそうです。２年ほど前、大阪でもランサムウェアにやられて、半年間病院機能が止まったことがあった。狙う側から見たら一番脆弱で重要情報を持ってるところですから狙いやすいですよね。だから彼らは、どう対処したらいいかというよりも、どうしたら上の理事会のメンバーにＩＴの重要性を理解させることができるか教えてください、協力してください、ということもあります。

小野　そういうところで困っている方々の声が、より聞こえるような組織になっているということですね。現在は業界ごとに相談の内容は結構違うものですか。

矢島　違いますね。

小野　矢島さんの目から見て、ユニークな課題を抱えていて興味深いなという業界はありますか。

矢島　言える範囲になりますが、例えば、日本はどうしても昔の基幹システムを切り替えていくのが難しいですが、何が一番のネックになると思いますか。

小野　もしかしたら昔のことをわかっている人がいないということでしょうか。

矢島　それも一つありますね。もう一つは、製造業でも他の業界もそうですが、ＩＴのインフラベースでネックになるのが、月次処理とかバッチ処理なんですよ。日本は全部バッチ処理ベースに動きます。ということはそのバッチ処理するために、仕組みを全部作るわけです。一方、欧米ではリアルタイム処理が一般的で、月次なんて考え方はなくて、SAP等でも常に更新している。日本だとバッチ処理のためだけに1日割くようなものすごいリソースを持つわけです。欧米では考えられないことだと思うのですが、この、日本の常識が世界の非常識的なところを、企業経営者も政府も理解してどう変えていくかですよね。

小野　この間お聞きしたのは、カード会社さんの処理では、いろんなカードがあって、その中の例外処理があるので、欧米のカード処理と比べると分量が違うという話です。そうするとコーディング量も全然違って、SEの生産性が悪く見えるという。この話は結局、ITの前の業務や商品設計のところに日本の特殊性があるということで、かなり似た話だなと思いました。日本はなぜそのようになってしまうんでしょうか。

矢島　なぜでしょうね。だからもう変えたくないんでしょうね、日本の場合は。

小野　作り込みが好きな民族なんですかね。

矢島　日本は、今までやってきたことを変革させたくないという気持ちが強いのと、もうひとつは、25年前ぐらいまであまりにもJapan as No.1できたために、日本の経営のやり方が素晴らしいと思いすぎてしまったからかなと思います。最近の日本の若い人はあまり欧米の手法等を勉強しようとはしていないんじゃないかと思うんです。我々が若いときは、がむしゃらに英語を勉強して、高校のときにはどうしても米国に行きたいと思って留学して。

小野　ご自分の意思で行かれたんですね。

矢島　そうです。50年以上前なので珍しい人種でしたが、米国にすごい憧れがあって。昔日本の経済が良くなったのも、デミング賞にしてもQCサークル活動にしても、若い人たちが米国から学んで独自のものにしていったことが大きいと思うのですが、それ以降何も変化がないですよね。

これも私が講演でたまに使う話なのですが、97年から5年半米国のパナソニックに行っていたときに、米国人の部下を日本に出張に行かせるでしょう？　帰ってきて「日本人は面白い」と。休みの日に街へ出て道に迷って、歩いてる日本人に「Can you speak English?」と聞いたら、「I'm sorry, I can not speak English」と綺麗な英語で答えられたという笑い話ですが。なぜ日本人は胸を張って喋れないんだと。実に日本人らしい話ですよね。私が米国に赴任したときには「ヤジマサン、コニチハ、オハヨゴザイマス、アリガト」と話しかけてきて「I can speak Japanese!」と言い張る米国人がいました。このマインドの差がすごく大きいなとは思います。だいぶ余談になってしまいましたが。

小野　そうですね、変革を志すという話と、新しいことにアンテナを高くするというのは、重要なポイントだと思っています。ＩＴ部門を強くするためにやはりそのようなマインドの方が増えてほしいし、ベンダーからするとそのような方がどんどん動きやすくなるようなテクノロジーをご提供したいなと思います。

ＣＩＯがボードメンバーに入り経営にかかわっていく未来に

小野　我々ベンダーからどのような提案や価値訴求をすると、志はあるけれど困っていらっしゃるようなＩＴ部門、ＣＩＯの方にリーチできるでしょうか。

矢島　私からすると、それぞれの部署で多様なツールを使い倒してもらいたいんですよ。それをつないで効率を上げていくベースというのはＩＴ部門がやらざるを得ないと思います。そのときに、「縦割り組織の業務の横串を作っていけるのがこのソリューションです」ということを理解してもらえれば、興味を示すCIOは多いのではないでしょうか。実は昔からいるCIOのほうが、組織内でバラバラのツールを統合してきたといった苦労を経験していたりするんですよね。だから各職場に任せられないと。WalkMeさんは「バラバラじゃないんです、プラットフォームビューでちゃんとマネージもできます」ということを訴求するとCIOには響くのではないかと思います。

小野　ありがとうございます。

矢島　様々なソリューションが次々に出てきていて、CIOやIT部門のこれからの仕事は、新しいテクノロジーは理解をしておくこと、自分の業務において点と点を結びつけられるのはどんなソリューションかを見つけること、そして結びついた点をどうまとめていくかということになるでしょう。

小野　少々失礼な質問になるのですが、良いCIOと悪いCIOというのはどこで差がつくものでしょうか。

矢島　変な言い方ですが、IT部門を守ろうとしているCIOはあまりいいCIOではないですよね。やはり会社のためにどれだけ視野を広げていくかだと思います。CIO

Loungeに集まっていただいている70人は、みなオープンマインドのメンバーです。だから企業間であっても、もちろん競争するところは競争するけれど、共有できるところは共有していこうと。そういうマインドがないと、先がないと言えるかもしれません。

小野　あとは、CIOはITというツールを熟知しているという側面もありますが、経営者の一人だという面も大きいですよね。時代時代でポイントが違うのかもしれませんが、今のCIOの方々は、何に一番気をつけるべきですか。

矢島　今おっしゃったように、CIOはCEO、CTO、CFO、CMOといった経営陣と話ができる形にならないといけないと思います。

小野　ITキャリアパスの話にも絡みますが、だんだん上に行くとマネジメントとしての視座の高さが求められると思います。そこでは別のチャレンジがありますよね。

矢島　例えば製造業のCIOが工場に行けば、工場長にITを活用して「このラインをこうしませんか」「これとこれどちらが良いと思いますか」というような話ができると思うんです。ただそういうことを同じようにCEO、CTO、CFOに提言できるかどうか。これが言えればソリューションが明快になってくると思います。言えなければ、経営者のその時々の課題認識で方針がころころ変わってしまいます。

小野　CEOの方がデジタルITにある程度知見があるかどうかというのも、やりやすさにかかわりますよね。

矢島　絶対にありますね。ちなみに私の著書の帯に推薦をくださった島田太郎さん（株式会社東芝代表取締役社長CEO）と樋口泰行さん（パナソニック コネクト株式会社代表取締役）のお二人は、ITに携わってきて今経営者をされておられます。島田さんは社長にご就任される前から存じ上げており、失礼な話ですが、東芝の社長になると聞いたときには勝手に心配しました（笑）。しかしご就任後ものすごく情報を確実に整理され、明確な方向性を打ち出された。結果、彼が混乱していた東芝を引き受けてから一気に整理が始まりましたから。それもやはりテクノロジーを知っているというのが大きいと思います。

小野　そうですよね。実際問題、ビジネスを成長させるエンジンは色々あると思いますが、最近の発展を考えるとデジタルを経営に取り込めるかどうかは大きいですね。出自が違うまでも、ITの素養を身につける何らかの環境かトレーニングがないと、企業自体の成長が難しい時代になってきたのかもしれません。

矢島　企業の取締役会に呼ばれて「経営とIT」という話をしてくれと言われることが

ありますが、それで変わった会社がありますす。社長以下、何かに気づいていただいて、それだけで一気に動き出した会社が何社かあります。

小野　確かに、取締役会がそのような役割を持ってもいいわけですよね。

矢島　私もかつて取締役になったときに感じたのが、執行役員もしくは常務執行役員のCIOは結構出てきているのですが、取締役のCIOは製造業にはまだまだ少ないということなんです。昔ながらの人事、経理、企画から取締役というルートがほとんどで。ここにITが入ってこないと、これからの企業強化は望めないと思います。

小野　経理や人事などのルートが強いのはなぜなのでしょうか。

矢島　戦後に企業が縦割りになって、でも横を見ていくのは、人と金と企画という形になった。横串を刺すのはこの三つだということで、社長補佐として取締役になり、取締役会、ボードを作ってきた経緯が大きいですね。そのままなんですよ。変わっていないんです。

小野　そうなると、株主が変わらないと、企業も変わらないという気がしてきました。

矢島　そうかもしれない。海外に行ったらCIOはじめCxOは基本ボードメンバーですから。日本は権限のないCIOという場合もある。やはりボードメンバーというのは、職種・職能としての担当責任はもちろんあるけれども、ボードをやっているときは会社全体を見て判断しなければボードメンバーの意味がない。執行役員は自分の担当を責任を持ってやれという話ですから、そこに大きな違いがありますよね。社長のブレーンになって考えていけるのがボードメンバー。だから、日本でもCIOにはもっともっとボードメンバーに入ってほしいです。

小野　最後に、CIO Loungeが関東に進出される話があると伺いました。

矢島　先ほど申し上げた通り、我々はもともと関西の中小企業を支援していたのですが、コロナの影響で全国からお問い合わせが来るようになりました。それだったら全国どこでもいいじゃないかと。現在3割強が関東のメンバーなので、関東にも拠点を作ろうかという話にはなっています。

小野　今後は、これまで以上にお話をさせていただく機会をいただければありがたいです。ディスカッションを通してＣＩＯの方々の課題解決に寄与できればと考えております。本日はどうもありがとうございました。

特別対談

2

日本企業を変革するために“攻め”のCDOを増やしたい

加茂 純
一般社団法人CDO Club Japan代表理事

小野真裕
WalkMe株式会社 代表取締役

加茂 純（かも じゅん）／一般社団法人CDO Club Japan代表理事
東京大学理学部情報科学科卒、米イリノイ大学大学院アーバナシャンペーン校コンピュータサイエンス学科AI専攻修士。電通に入社し、インテル、マイクロソフト、アップルコンピュータ（当時）の日本進出と事業拡大戦略を担当。電通退社後はセコイアキャピタルの出資にてシリコンバレーで米Harmonic Communicationsを創業し、アジアパシフィック地域統括担当副社長、日本支社長。その後、PwCコンサルティング 戦略部門ディレクターに就任後、マーケティングエクセレンスグループを創設し代表。2017年11月に一般社団法人CDO Club Japan代表理事就任。

欧米から広がったCDO、遅ればせながら日本でも増加

小野　CDO Club Japan自体がどういう趣旨で設立されて、今どういう活動をされてるか教えていただけますか。

加茂　CDO Club Japanはグローバル団体、米CDO Clubのアフィリエイトです。米CDO Clubは2011年に米国のニューヨークで生まれ、ちょうどメディアがデジタル化した頃で、かなりのディスラプションが起きつつあり、それをきっかけにメディア業界から始まりました。そこから金融業界等に広がって、さらに2014年にインダストリー4・0というヨーロッパを中心とした大きなデジタル改革があり、企業、省庁、政府がそれに応じてデジタルトランスフォーメーションが進み、欧米を中心に活動してきたという歴史があります。

ＣＤＯの設置は米国、イギリス、フランス、ドイツ、カナダ、イスラエルを中心に広がりを見せ、2014年から2017年でも米CDO Clubのメンバーが1万人にまで達する等、「ＣＤＯがデジタル改革を担って会社全体をトランスフォームしなければいけ

加茂純氏

ない」という危機感を背景に拡大していきました。当時その流れを見て、2016年に日本でもCDO Clubの設置が必要ではないかと考えて、米国本部にてグローバルCEOと話をしたのですが、当時は日本にまだCDOがおらず、翌2017年に入って数人出てきたことで、これから日本でも増えるだろうと許可を受けて、2017年秋にCDO Club Japanとして正式発足というところから始まっています。

CDO Club Japanの現在の活動としては、米国、ヨーロッパの拠点から、先行した知識を日本に導入し、日本独自のDXの進め方を考え、そういった知識の日本での展開のためにイベントを催したり、CDO

Roundtableとして定期的にCDOのみのミーティングを実施しています。

小野　今、CDOは日本でだいたいどれぐらいいらっしゃるんですか。

加茂　約3％ですね。上場企業の3％ですので、6000社の3％、200人ほどいらっしゃるんじゃないかと。我々が把握しているのは150人強ですが、今年（＊2024年）の4月からかなり増えていて、これからもどんどん増えてくると思います。ただ、欧米では6、7割の会社にCDOといわれる人がいますので、それに比べたら全然少ないのですが。

小野　欧米と日本のCDOの数のギャップが興味深いなと思いましたが、なぜそんなに開きがあるのでしょうか。

加茂　大きな理由としては、CDOは、米国ではUberやAirbnbができたときに、これから加速度的に社会が変わっていくだろうという危機感から必然的に生まれたのですね。一方、日本はそれが波及していなかったために、デジタルディスラプションの影響があまりありませんでした。そこで差がついたのだと思います。

　面白いのは、米国とヨーロッパの組織では、政府、国がデジタル改革に対して非常に反応が早い。その大きな理由としては軍の施設があって、軍が相当高度化しないと他国に負けてしまうということが切実な問題なので、まずデジタル化を導入して、その流れが、政府、自治体、企業に波及します。一方、日本の政府は遅れていて、コロナ禍になってようやくデジタル庁ができました。欧米だと、デジタル化は省庁から始まり、大企業がそれに連携して広がっていくという形です。

小野　そうすると、特に米国はＣＤＯの出自として、軍から来られる方が多いということですか。

加茂　そうですね、当初は多かったですね。今はもう違いますが、かつては軍や研究施設から来られた方が多かったです。

小野　政府がＣＤＯを後押ししたというのは、具体的にはどういうことをされたんですか。

加茂　実際の例として、２０２３年の12月に、米国のバイデン大統領が「エグゼクティブオーダー」として、すべての省庁にＣＤＯと連携した、ＣＡＩＯ（最高ＡＩ責任者）を置けという指示を出しました。ＡＩに強いデジタルリーダーを置けという指示です。省庁が４００〜５００あって、現在一斉に設置しているという状況です。

まず国防省から始まって、建設省、厚生省と、それぞれ省庁に必ずＣＡＩＯを置いて、全体の業務をＡＩを活用して最適化してかつリスク等を考えるということを進めているのですね。すでに４００人ぐらいアポイントされたという話で、それに伴ってＶＣもサポートしてベンチャーが生まれ、企業にも広がってきたということです。やはり、米国の競争力をどの国よりも高める、米国は勝たなければいけないというミッションを国が持っているということだと思います。

小野 日本ではそういう動きはないでしょうか。

加茂 今のところはあまりないですね。個人的に取り組んでいる人はいるかも知れませんが。米CDO ClubのＣＥＯと話しても、「日本政府はどう考えているのだ？」と、「今の米国の状況を知らせるからそれを日本政府に伝えてくれないか」と言われています。

小野 ちなみに、ＷａｌｋＭｅは米国政府にも去年ぐらいからかなり導入されています。エグゼクティブオーダーの影響もあるのかもしれないと、お話を伺って思いました。ちなみに日本のＣＤＯは3％ということですが、まだまだ増えるということですね。

加茂 この4月（＊２０２４年）でもＣＤＯは、３％から大幅に増えています。我々も啓蒙活動をしているし、経産省とも昨年から連携して、「ＤＸ推進には、ＣＤＯという存在が必要だ」と言ってもらっています。我々からすると、ＣＤＯがいなくて、組織の中でバラバラにやっている状況で本当にDXができるのか、CDOもしくはそれに類する人たちがいないと進まないのではないかと危惧しています。

DXを阻害する日本特有の3つの要因

小野　我々もWalkMeの説明をする際、「DXの7割は失敗する」という調査結果に言及しているのですが、CDOの視点からは、何が原因でそういう結果になっていると見ていますか。あるいはこれから改善するとして、どういうところを変えていく必要がありますか。

加茂　一言では言いにくいのですが、米国との違いで大きいのは、日本はシステムを外注していることが多い一方、内製化が多い米国などでは何かが起きたときにシステムの変革が早いんです。会社の中にシステム関係の人間が多くいるので、外部の変化に対応して、自分達で対処できるのですが、外注化しているとなかなかすぐには対応できない。二つ目は、日本の企業カルチャーが、デジタル化のカルチャーを受け入れるのが難しいという点です。今もそうですが、日本ではＦＡＸや紙、対面でビジネスを行ってきたので、それをデジタルに変革するということに関する企業カルチャー的な障壁があって、そのあたりが大きなボトルネックになっています。三つ目としては、組織がかなりサイロ化しているということ。役員から事業部までが縦割りになっている組織が多いので、一番大事なデータ連携や企業のデータ基盤を構築するときに障害になり、デジタル化するときも全社統一ということができにくい。その三つが大きな要因になっているのではないかと思っています。

小野　これら三つを解決しない限り、変革は非常に困難だと私も思います。それに対する現実的なアプローチは何でしょうか。

加茂　実は御社のプラットフォームに近いと感じるのですが、私も昔米国大学院でコンピュータサイエンス、その中でもＡＩを専攻していました。当時ディープラーニングはまだなかったのですが、Intelligent Agentという研究をしていました。つまりＡＩベースのエージェントをつくって、それが進化して人間とやり取りするというものです。御社のプラットフォームはその進化系なのではないかと思ったのです。デジタルアダプションプラットフォームがエージェント的なものであるというか。こういったプラットトフォーム自体がいくつものシステムを有効につないでくれれば、人材やカルチャーが大きく変わらなくても変革が可能なのではないかと思います。

小野　ありがとうございます。私も実際そう思っています。私はもともとコンサルでしたが、企業の変革をするときはやはりチェンジエージェントが必要だと感じていました。ただデジタルタッチポイントを活かせていなかったんです。この瞬間にこうしてほしい、こういう意思決定をしてほしいというときにリーチできなかったのですが、ＷａｌｋＭｅはそれができると思っているので、そういう視点で加茂さんにそう言っていただけるのは非常にありがたいです。

加茂　御社のプラットフォームのようなシステムがもっともっと進化して、ＤＸ部門だけではなく、ユーザー一般、世の中一般まで広がると世界が変わってくるのではないかと思います。私が所属した東京大学理学部情報科学科の先輩である東京大学の橋田浩一教授が「パーソナルＡＩエージェント」という概念を提唱していまして、それは我々人間側が教育しなくても常にエージェントが進化していくというものです。人間自体がリスキリングしていてはもう間に合わない進歩においても、人間をサポートするエージェント、御社のプラットフォーム的なものが進化してわかりやすく教えてくれれば、そのほうが早いのではないかと思います。そういうことを考えられている先生もいらっしゃいます。まさにその通りかなと思っています。

攻めのCDO、守りのCIO

小野　少し話を戻しまして、日本ではCDOの設置は2017年ぐらいからという話でしたが、まだまだご存じない方も多いと思います。何度も聞かれていらっしゃるかと思いますが、CDOとCIOの違いについての加茂さんの考え方を教えていただけますでしょうか。

加茂　CIOはCDOができる前から存在して、IT部門として基幹システムの構築や管理を担い、それを最適化して効率よく、投資を少なくする。そういう企業の守りの役割を果たす役職だったと思います。CDOというのは、企業全体をデジタルでいかに変革するか、データ等を使って企業自体を新しく価値創造するか、新しい事業で変化するかといった場面で生まれていますので、どちらかというと企業の攻めのためのトランスフォームを行う役割ですね。つまりミッション、目的に違いがあると思っています。ただし必ずどこかで結びつくのです。CDOが何かを変えるときには基幹システムにもかかわってくるので、そのようなときには協調することが必要です。

小野　CIOは「守り」、CDOはDXを行うなど「攻め」だとすると、ネイチャーが少し違う気がしますが、CDOになられる方でIT部門出身の方はいらっしゃるんですか。

加茂　IT部門でもアグレッシブに変えていこうという人ももちろんいます。例えば、某食品メーカーや某自動車メーカーでは、CIOがCDOの役目も担っています。某総合電機メーカーにも、CIOにCDOの権限を持たせているケースがあります。ただし、一般的にはまだあまりいないですね。

小野　そういう特殊なケースでない場合、会社全体としてうまくいくためには、CDOとCIOが役割分担するのか、どうするのが良いでしょうか。

加茂　CDOとCIOがよく話し合うということでしょうか。しっかりと話し合って目的や役割を明確化することが重要で、そうでないとお互いの領域が曖昧になって、混乱や摩擦が起きてしまう。だからかなり密接に話し合うということが必要だと思います。

私の理想としては、CDOが企業の中心になって社長の側で舵を取ると。実際に、味の素の福士博司さんや住友商事の南部智一さんは、代表取締役副社長兼CDOとして強力に変革を推し進めました。CIOは、それに呼応して対処するという形が良いのかなと、我々CDO Club Japan的には思っています。

変革を推し進める中でCDOに求められるもの

小野　では、CDOが変革を起こすというとき、様々なフェーズがあると思いますが、どういうステップで進められるのか、そのあたりをお伺いしたいです。

加茂　いきなり全部を変えても誰もついてこられません。よくする手法としては、まずDX推進部といったDX部門を作るところから始めます。デジタルの力を使ってどういう試みができるのかを各事業部とともに作り、浸透させてプロセスを変えていく。それから新規事業を起こしたらどうなるんだろう?　と新規事業本部を作ったり、さらには、会社全体がもしデジタルドメインだったりとかデジタルオリエンテッドだったらどう変わるだろう？　というビッグピクチャを作ったり、段階別に、小さいところからみんなに体験してもらって、理解してもらって、広げていくというパターンが多いですね。

小野　ＰｏＣもそうですが、まずクイックに何かやってみて、修正してという、アジャイルなアプローチで高速ＰＤＣＡを回すことがデジタルの世界では非常に重要ではないかと思います。そうなると、人が手作業でＰＤＣＡを回すのはかなり大変ではないか、デジタルの力がないと難しいのではないかと。ＰｏＣで皆さんが苦労されている面も多いかと思いますが、どのように解決されているのでしょうか。

加茂　現状ではやはりみんな苦労されているのではないかと思います。なかなかうまくいかない、時間がかかる、あまりうまくいかず3年かけて実績がこれだけ、というケースも多いです。そこは何のために進めているのかを常に考えないと、ＰｏＣのためのＰｏＣになってしまいます。ＰｏＣはあくまでデジタル改革が必要でうまくいくためのＰｏＣです。そういう意味ではアジャイルに素早く回していったほうがいいので、円滑に回すためのプラットフォームが必要だと思います。

小野　なるほど。実は我々は、アジャイルに回すプラットフォームがまさにＷａｌｋＭ

eであると考えています。PDCAを回しながらPoCがうまくいったとしても、さらに本格的に業務に組み込んでいくのはまた別の大変さがあると思います。チェンジマネジメント的な意味合いが強いと思うのですが、CDOとしての処方箋はありますか。

加茂　おっしゃるとおり、本格導入するときに失敗することを恐れて躊躇することがあります。これはもう、失敗してもいいからやってみなさいと。失敗してもいいんだよと伝えてやってもらうしかないと思います。失敗は成功のもとであるというカルチャーに変えていかないと、ということはよく言っていますね。

小野　そうですね。失敗を恐れてチャレンジをしないのはVUCAの時代においては競争に劣後する可能性が高いです。だからそのカルチャーは重要ですね。ただ、そうは言っても失敗を減らすために小さな失敗を直していくPDCAは本格導入の際にも重要ですよね。そのために必要なWalkMeをプラットフォーム的に使う場合、我々はよくCoEを提案していて、中央だけでなく場合によっては部門ごとに集約するところがあったほうが変革が進むのではないかという仮説を持っているのですが、いかがでしょうか。

加茂　実際そういうことをしている会社は多いですね。CoEを作ろうとして、そこにナレッジを貯めて、民主的に一般の社員にもツールに触れてもらうというケースも多いので、今はそれがベストかもしれないですね。

小野　なるほど。グローバル展開というところでも、変革文脈だとさらに難易度が上がる気がしますが、それもCoEは資するものとお考えでしょうか。

加茂　そうですね。やはりCoE的なものを作らないと、バラバラに始めたり動いたりして非効率さが必ず出てきますので、今のところCoEが一番効率的じゃないかと思いますね。

リスクを併せ持つ生成AIを活用するために必要なレギュレーション

小野　最近だと生成AIの活用もCDOからすると欠かせないパーツかと思いますが、CDOの方々は生成AIに対してどういうスタンスで、どんなことをされているんですか。

加茂　今はまだ初期段階で、とにかくみんなに使ってもらおうと、何ができるかを社員にわかってもらおうという状況ですね。どういうツールがあって、どんな可能性があるかを探っているところです。ある程度やれるということがわかってきたかとは思いますが、ひとつ大きな課題があります。生成AIに関しては、どこのどんなデータを使ったらいいかを統一管理できていないと、実際と異なるアウトプットになったり、重要情報が外部に出てしまったりといった重大リスクが排除できません。米国ではCRO、チーフリスクオフィサーという役職が必ずいて、レギュレーションを決めていますが、日本ではそういう担当者がいないのでなかなか踏み切れないのではないかと思います。ただ、日本でも、大手信販会社の常務は、この4月にCROに就任したので、今後そういう動きが出てくるのかなと。米国ではCDAIO、チーフデジタルAIオフィサーという役職もできていて、デジタルとAIの責任を持ち、リスクも管理しています。これも日本に導入されてくるのではないでしょうか。

小野　CDOとしては、リスクを管理できないと純粋に攻める動きをとっていけないということですね。

加茂　データを用いるので、著作権をはじめとする権利関係でもリスクの部分が大きく、また、コンシューマー向けの部門では、そのメッセージがどう受け取られるのかという懸念や、コンプライアンスに違反するといったリスクも出てきますので、きちんとしたAIを作る、ラーニングするということが必要です。そういう意味でリスク責任者、コンプライアンス責任者といった人が、常に協働しなければいけないと思います。

小野　会社としてはそういったリスク管理の責任者を置くのがベストだと思いますが、それを踏まえた上で、CDOがセキュリティやコンプライアンス面を見る必要があるのでしょうか。

加茂　やはりデータを管理しているのはCDOなので、現状彼らが見るしかないと思います。米国のCAIOもCDOに近い職域です。

小野　具体的にはどのように守れるものでしょうか。

加茂　こうしてはいけないというレギュレーションをつくり、それを徹底することですね。それに基づいて社員や外部の人が使っていけばいいと思います。そのレギュレーションに関するガイダンスがなされていないと、使うほうも不安になってしまうので、きちんと社内ポリシーとして確立する必要があります。

小野　なるほど。我々のＷａｌｋＭｅでも、これは絶対にしてはいけない、しなくてはいけないというレギュレーションは「ガードレール」と呼んで実装しています。

加茂　私が申し上げたエージェント的な役目という意味では、そこは非常に大事です。レギュレーションを遵守するとともに道徳的に正しい存在でないと、ガイダンスを受けた人たちが誤った教育を受けてしまう。ＷａｌｋＭｅがガイダンスを受ける側から信頼され利用推進されることは、社会的にも大きい意味を持つと思います。

小野　そのような安全性が担保された世界になったとして、ＣＤＯが一層攻めていくという際に、日本企業はどのような方向で生成ＡＩを利用して、また、何かチャレンジがあるとすれば、どのようなものでしょうか。

加茂　既存の会社がＡＩによって変化するという話とは異なるのですが、東大発ベンチャーの大学生と話してみると、もう全く人がいなくても大丈夫と。社長が一人いて、生成ＡＩを活用する社員がいれば全部できてしまって、そのような体制である程度売上を上げている会社もすでにあるということです。生成ＡＩやＡＩベースの会社というのは既存の会社とは別で考えに入れないといけないなと思っています。数年したらそちら側のほうが伸びているという可能性がないとも言い切れません。

小野　もしもそういった状況になった場合に、大企業のＣＤＯはどう対処していくのが良いですか。

加茂　大企業のＣＤＯは、そのようなベンチャーと組むしかないと思います。米国だと、ベンチャーの7割は企業が買収して残り3割がＩＰＯしていますが、日本では逆に7割がＩＰＯしている状況で、大企業が買収するということはあまりありません。これからは日本でも良い会社があったら買収するか出資して一緒にやっていく方向に変わっていくかもしれませんね。

小野　Ｒ＆Ｄ戦略も変わっていきますね。もしかすると自社の中で開発するよりも外から取り込む方が早いと。激しく変化する時代で、会社を大きく動かせるのか現状維持なのか、ＣＤＯの腕にかかってきますね。

加茂　そうですね、優秀な人はもう会社全体をトランスフォームするという役割になると思います。CDOが社長と一緒に組んで進めていかないと変わらないと思うんです。

CDOからCEOへのパスを確立したい

小野　今、社長という言葉が出ましたが、以前から「CDOからCEOを出した方がいい」というのが加茂さんの持論だったかと思いますが、その真意を教えてください。

加茂　まず、米国がそうなんですね。デジタルやITの知識がない人は社長になれません。そういう意味ではCDOからCEOにというのが米国の潮流です。日本も、既存のラインと違ってデジタルやデータ、コンプライアンスなどがわかる人が社長になったほうが、会社全体のトランスフォームも早いはずなので、CDOが社長になって次のCDOと組むというのが会社の変革には一番最適ではないか、早いのではないかと思っています。

小野　そのパスはそろそろできそうですか。

加茂　CDO Club Japanでも一生懸命やっていますが、それでも副社長までという現状なので、社長になりましょう！　と発破をかけています（笑）。

小野　あともう一歩は何をしたらできるでしょうか。

加茂　やっぱりそこは壁が高いんです。これまでのキャリアパスがあって、例えば総務部から、人事部から、この事業部から上がるという、過去の慣習を変えないといけないですね。ただ、変化の芽はあって、CDO Club Japanに参加いただいている、ある銀行のCDOは、当然デジタル事業部門ですが、今後社長になる可能性もあると思っています。大手ガス会社の社長はずっとデジタル畑で、「本業はやっていない」とまでおっしゃっています。そういう人が社長になる時代にきています。

小野　一方、キャリアパス的にCDOになろうと思ったらどういうパスが一番多いですか。

加茂　今だと、外資系の企業、ＩＢＭ、マイクロソフトといったところからジョインする人が多いですね。ただ、ＣＤＯにはデジタルの知識だけでなく、今後は経営やリーダーシップ的なスキルがより求められることになると思います。CDO Club Japanでは、今年の夏から「次期ＣＤＯ研修」というものを始めますが、知識だけでなく、リーダーシップとしてのマインドセットが非常に重要なので、それを身につけてもらう育成のための研修にしたいと思っています。また、我々にてＣＤＯ資格的な認証も始めようと計画をしています。

小野　今、育成という話もありましたが、CDO Club Japanとしては今後どのような活動をされていくお考えですか。

加茂　基本的には我々のミッションはＣＤＯの数を増やすことです。できるだけ良質なＣＤＯ、理想的なＣＤＯの方が増えれば、その分日本企業もデジタル化するし、パブリックセクターの人たちがCDO的なポジションを務めるようになれば、必ず社会自体が活性化します。デジタル化の恩恵が日本全体に広がればいいなという思いです。

小野　将来的に日本のCDOを何人くらいまで増やしたいですか。

加茂　欧米並みの7割までいけばすごいなと思っています。向こうではそれが普通ですから。

小野　我々WalkMeも、CDOの方にとって必須のプラットフォームとして活用いただき、企業の変革をご支援していきたいと思います。それが結果として、CDOの増加につながればと考えております。本日はありがとうございました。

あとがき

ＤＡＰという名前は、徐々に日本でも認知されてきていますが、主に我々の努力不足で本来のＤＡＰの定義やポテンシャルを正確に伝えきれていないという問題意識がありました。そこで、２０２３年に私がＷａｌｋＭｅ日本代表に就任してすぐに本書を執筆することを決めました。

よくある誤解は、例えば次のようなものです。

●ＤＡＰは、システム導入するタイミングではマニュアルや説明会の代わりにあってもいいが、それが終わったら不要になるもの
●ＤＡＰは、システムに慣れた人にとっては不要なもの
●ＤＡＰは、部門で勝手に入れてしまっていいもの
●ＤＡＰは、部門がやりたいと言ってきた場合に、ＩＴ・ＤＸ部門はあまりかかわらな

くてもいいもの

ここまで読んできていただいた読者の皆様にはおわかりだと思いますが、どれも間違いです。この「あとがき」を先に読まれている方は、ぜひ本書の中にあるDAPとDASの違いをご確認いただければと思います。

このような誤解を解きつつDAPの本来の定義を語ろうと思うと、どうしても、日本企業の置かれている環境や、アプローチするべき課題を語るほうが自然と考えられたため、少し大上段に構えて論を進める形になってしまいました。

話は変わりますが、私はキャリアの最初の1／3を研究者として、次の2／3をコンサルタントとして過ごし、今B2B IT SaaS業界に在籍しています。

キャリアのスタートは、修士修了後の企業の研究所で、携帯電話やTCP／IPといった無線・有線通信のプロトコルやアーキテクチャを研究していました。その後、テーマを変えようと思い、大学に戻りAIの研究をしていました。ここでAIを始めとするITは、今後ビジネスシーンにおいて広く使われるようになるだろうと感じ、IT

を使ったビジネスの課題解決を行いたいとの思いからコンサルタントになりました。

私はマネジメント・コンサルタントとしての立ち位置だったので、色々な日本企業の会社としての課題に向き合うことになりました。と同時に、お会いする方々それぞれの置かれたポジションならではの、変革に伴う悩みというものにも触れました。「変革を成功させるにはどうしたらいいのだろう」という会社の立ち位置に沿ったものもあれば、「今回の変革はそもそも気に食わない」「理解はできるんだけどそこまでできないよ」といったネガティブなものだったり様々です。

欧米のＩＴサービス企業のようにEnd-to-Endですべてデジタル化されているオペレーションが主な場合は別ですが、人が介在する場合は、戦略も業務も人にいかに動いていただくかが肝になるとしみじみと感じました。

もう一つ大きく感じたのは、人とＩＴとの接続に関する課題です。隣のＩＴチームと連携し業務要件定義などの手伝いをしたこともありますが、人とＩＴとの接続はなかなか一筋縄ではいかないと感じていました。システムは稼働したものの、なかなか思う通りに従業員が使ってくれなくて、どうしたらいいのか……、という状況が発生していることも見かけました。

そんな中、少し俯瞰して考えると、デジタルを使わなければ日本企業は欧米企業に負けてしまうのではないか、という不安が非常に強くなってきました。言うまでもなく、デジタルのパワーを取り入れられるか否かは企業の競争力に決定的なインパクトを与えます。日本企業は、まじめな国民性で現場の人が頑張ってマニュアル処理で色々解決してしまえるがゆえに、ドラスティックなデジタル化が進んでいないのですが、グローバルな競争視点で見ると、より劣後する方向になってしまっていると感じていました。

紆余曲折ありましたが、そんな中、ＷａｌｋＭｅという会社に出合いました。もちろん最初に紹介されたときは、名前も知りませんでしたし、ＤＡＰというカテゴリーも全然わかりませんでした。

しかし、ＷａｌｋＭｅをよく知ると、今日本企業が抱えている課題はこのソリューションで解決できるのではないかと興奮し、入社を決めました。そしてＷａｌｋＭｅで働いて、様々なお客様にお使いいただくうちに、確信に変わりました。

振り返ると、コンサルタントになってからの私のテーマは「デジタルをいかに日本企業の中に根付かせて、欧米企業と伍して戦える素地を作る支援をできるか」であり、色々な経験がここにつながっていると腑に落ちました。また、そのための日本企業の課題は「デジタルフリクションとチェンジマネジメント欠如」であり、それをＷａｌｋＭｅは解決するのだ、とクリアになったことを覚えています。

ここで、あとがきの最初に戻ります。このように日本企業の抱える課題にアプローチできるＤＡＰが、単にマニュアルの代わりのシステム操作に迷わないためのツールと思われている現状を変えるべきだと考えました。

実は、ＷａｌｋＭｅ日本法人設立は２０１９年なので、２０２４年で丸５年経ちます。しかし、あえて２０２４年をＤＡＰ元年と標榜することにしました。

一つ目の理由は、日本のお客様に、システムのマニュアル代替・トレーニング代替といったポイントソリューションとしてではなく、本来のＤＡＰとして、企業内のすべてのシステムの期待効果を引き出すための全社プラットフォームとして使っていただけるモメンタムを強く実感できたからです。すでにグローバル企業では明確にプラットフォームとして大きな成果を示せていましたが、日本企業ではどうか、という疑問の声に対して、これまでは価値を実証するフェーズでした。そして今、自信をもって日本でも大きな成果を出せる、とお伝えできます。

二つ目の理由は、生成ＡＩです。生成ＡＩは、この技術をどのように自社の中に取り込めるかが、自社の競争力に決定的な影響を与えうるとも考えられます。そして、生成ＡＩとＤＡＰはこれから切り離せない関係になるでしょう。ガートナーが、「２０２６年までに、40％の組織がＤＡＰに組み込まれた生成ＡＩを使用して、新しいワークフローを自動的に従業員に提示するだろう」と言っているように、このタイミングでＤＡＰも新しいステージに突入するように感じています。

これらの理由から、２０２４年はＤＡＰ元年と標榜し、正しいＤＡＰの定義とポテンシャルを発信し、日本企業の課題解決の支援を加速したいと考え、本書を執筆いたしました。

最後になりましたが、今回対談を快くお引き受けいただき、大変示唆に富んだお話をお聞かせいただいた、特定非営利活動法人 CIO Lounge理事長・矢島孝應様、一般社団法人CDO Club Japan代表理事・加茂 純様、ありがとうございました。心から御礼申し上げます。また、いつも学ばせていただいているＷａｌｋＭｅユーザーとパートナーの皆様にも感謝と御礼を申し上げます。皆様なしにして本書を形にすることはありえませんでした。

ジャパン・クラウド株式会社のアルナ・バスナヤケ様、ジャパン・クラウド・コンサルティング株式会社の福田康隆様には、ＳａａＳ業界トレンドや会社運営についていつも貴重なアドバイスをいただいております。お二方から受けた薫陶が本書の根底に流れています。そして、ジャパン・クラウド・コンサルティング株式会社の大槻祥江様には、本書の執筆において、あらゆる部分で助けられました。彼女なしでは本書を書き上げることはできませんでした。心から感謝いたします。

ＷａｌｋＭｅの竹谷和久さん、福本圭史朗さん、両羽大さんには日頃から議論にお付き合いいただき多くの視点をいただきました。真田寛之さんには、議論のみならず、本書の執筆にあたり技術的観点から大いに助けられました。また、それ以外にも貴重なアドバイスと惜しみないサポートをいただいたＷａｌｋＭｅの仲間の皆さん、本書を書き上げていく過程で客観的な視点で議論させていただいたダイヤモンド社の皆さんにも御礼申し上げます。

また、いつも私を支えてくれて、本書の最初の読者となってくれた妻にも感謝したいと思います。

「デジタルをいかに日本企業の中に根付かせて、欧米企業と伍して戦える素地を作る支援をできるか」というテーマを胸に、ＷａｌｋＭｅと共にさらに精進してまいります。

２０２４年5月

ＷａｌｋＭｅ株式会社代表取締役　小野真裕

本書の刊行に合わせて、ＤＡＰの導入を前向きに検討したいとお考えになる読者の皆様にとって有用となるコンテンツを掲載した特設サイトを開設しました。下記にＵＲＬと2次元コードを掲載していますので、ぜひご覧いただければと存じます。

特設サイト：https://walkme.co.jp/resources-lp/last-piece-of-dx/

参考文献

プロローグ

トニー・サルダナ『なぜ、DXは失敗するのか？―「破壊的な変革」を成功に導く5段階モデル』東洋経済新報社
https://www.ey.com/ja_jp/library/publications/2021/why-dx-fails-5step-model-successful-destructive-transformation-2021-04

Gartner：Market Guide for Digital Adoption Platforms
https://www.walkme.com/content/gartner-market-guide-digital-adoption-platforms-2023/

Chapter 1

デジタルガバナンス・コード２・０（経済産業省）
https://www.meti.go.jp/policy/it_policy/investment/dgc/dgc2.pdf

DXレポート２（中間とりまとめ）（経済産業省）
https://warp.da.ndl.go.jp/info:ndljp/pid/11701448/www.meti.go.jp/press/2020/12/20201228004/20201228004-2.pdf

State of SaaS（Productiv）
https://productiv.com/state-of-saas#growth

IT人材白書２０１７（情報処理推進機構）
https://www.saj.or.jp/documents/NEWS/committee/education/170622_jinzaihakusyo.pdf

Chapter 2

Prosci® ADKAR® Model 個人の変革を促進する強力かつシンプルなモデル（日本アタウェイ）
https://ataway-cm.jp/methodology-overview/adkar-model/

Chapter 3

IDC MarketScape: Worldwide Digital Adoption Platforms 2024 Vendor Assessment
https://www.idc.com/getdoc.jsp?containerId=US49786723&pageType=PRINTFRIENDLY

G2 Grid® for Digital Adoption Platform
https://www.g2.com/categories/digital-adoption-platform

Digital Adoption Platforms Reviews and Ratings (Gartner)

https://www.gartner.com/reviews/market/digital-adoption-platforms

Chapter 4

ＤＡＰを基盤のアーキテクチャーとしてＣｏＥ体制を作りグローバルで全社ＤＸプロジェクトを加速～ＤＡＰはnice to haveではなくmust have（ＷａｌｋＭｅ導入事例）
https://walkme.co.jp/customer-stories/fujitsu/

特別鼎談　富士通と三井物産のＤＸキーパーソンに訊く　テクノロジーを価値に変えるＤＸ戦略　次の一手は「ＤＡＰ」にあり（日経ＢＰ ＳＰＥＣＩＡＬ）
https://special.nikkeibp.co.jp/atcl/ONB/24/walkme0112/

ネスレの成長を支えるＤＡＰ　年間50億円の効果を引き出す（日経ビジネス２０２４年2月5日号）

Chapter 5

エリヤフ・ゴールドラット『ザ・ゴール 企業の究極の目的とは何か』(ダイヤモンド社)
https://promo.diamond.jp/books/the-goal/series/

［著者］
小野真裕（おの・まさひろ）
WalkMe株式会社 代表取締役
1999年NEC中央研究所にて研究者としてキャリアを開始。その後、コンサルタントに転身し、アクセンチュア、日本IBM等を経験。日本IBMでは、コンサルティング部門のパートナーとして、AI&アナリティクスを活用した戦略立案から実行支援まで多数のプロジェクトに従事。AIも含めテクノロジーの力を最大活用しDXを促進するソリューションを提供するWalkMeに参画。情報理工学博士。

書籍特設サイト：
https://walkme.co.jp/resources-lp/last-piece-of-dx/

日本のDXはなぜ不完全なままなのか

——システムと人をつなぐ「DAP」というラストピース

2024年6月25日　第1刷発行

著　者——小野真裕
発行所——ダイヤモンド社
〒150-8409　東京都渋谷区神宮前6-12-17
https://www.diamond.co.jp/
電話／03･5778･7235（編集）　03･5778･7240（販売）
執筆協力——板垣朝子
装丁————米谷豪
製作進行——ダイヤモンド・グラフィック社
印刷／製本—勇進印刷
編集担当——中鉢比呂也

ISBN 978-4-478-11964-8